大方廣佛華嚴經第七九卷覆相

淀泉

大方廣佛華嚴經

일러두기

1. 『대방광불화엄경 강설』원문原文의 저본底本은 근세에 교정이 가장 잘 되었다고 정평이 나 있는 대만臺灣의 불타교육기금회佛陀敎育基金會에서 출판한 『화엄경소초華嚴經疏鈔』본입니다.

2. 『대방광불화엄경 강설』은 실차난타實叉難陀가 695년부터 699년까지 4년에 걸쳐 번역해 낸 80권본卷本 『대방광불화엄경』을 우리말로 옮기고 강설을 붙인 것입니다.

3. 『대방광불화엄경』은 애초 산스크리트에서 한역漢譯된 경전이지만 현재 산스크리트본은 소실된 상태입니다. 산스크리트를 음차한 경우 군이 원래 소리를 표기하려고 하기보다는 『표준국어대사전』이나 『불교사전』 등에 등재된 한자음을 사용하는 것을 원칙으로 하였습니다.

4. 경문의 한글 번역은 동국역경원본을 참고하여 그대로 또는 첨삭을 하며 의미대로 번역하고 다듬었습니다.

5. 각 품마다 내용에 따라 단락을 나누고 제목을 달았습니다. 단락의 제목은 주로 청량淸凉스님의 견해에 기초하였고 이통현李通玄장자의 견해를 참고로 하였습니다.

6. 『대방광불화엄경 강설』의 발행 순서는 한역 경전의 편재 순서를 기준으로 하였고 각 권은 단행본 한 권씩으로 출간될 예정이며 모두 80권으로 완간됩니다. 다만 80권본에 빠져 있는 「보현행원품」은 80권본 완역 및 강설 후 시리즈에 포함돼 추가될 예정입니다.

7. 『대방광불화엄경 강설』 안에서 불교용어를 풀이한 것은 운허스님이 저술하고 동국역경원에서 편찬한 『불교사전』을 인용하였습니다.

8. 각주의 청량스님의 소疏는 대만에서 입력한 大方廣佛華嚴經 사이트의 것을 사용하였습니다.

9. 『대방광불화엄경 강설』입법계품에 들어가는 문수지남도는 북송北宋시대 불국佛國선사가 선재동자가 53명의 선지식을 친견하여 법을 구하는 장면을 하나하나 그림으로 그린 것입니다.

대방광불화엄경 강설
제 79 권

三十九. 입법계품入法界品 20

실차난타實叉難陀 한역
무비스님 강설

서문

　누각의 낱낱 보배에서는 미륵보살이 지난 옛적에 보살의
도를 수행하던 때의 일을 다 나타내는 것을 보았습니다.

　이른바 혹 머리와 눈을 보시하고, 혹은 손과 발과 입술과
혀와 어금니와 치아와 귀와 코와 피와 살과 가죽과 뼈와 골수
를 보시하고, 내지 손톱과 머리카락 등 이와 같은 일체를 다
보시하고, 아내와 첩과 아들과 딸과 도성과 마을과 국토와
임금의 지위를 달라는 대로 다 베풀어 주기도 하였습니다.

　옥에 갇힌 이는 나오게 하고, 결박된 이는 풀리게 하고, 병
난 이는 치료하여 주고, 길을 잘못 든 이에게는 바른 길을 가
르쳐 주었습니다.

　혹은 뱃사공이 되어 큰 바다를 건네주고, 혹은 말이 되어
어려운 일을 구호하여 주고, 혹은 큰 신선이 되어 경론을 잘
설하고, 혹은 전륜왕이 되어 열 가지 착한 일 닦기를 권하였
습니다.

혹은 의사가 되어 온갖 병을 잘 치료하고, 혹은 부모에게 효도하고, 혹은 선지식을 친근하고, 혹은 성문도 되고, 혹은 연각도 되고, 혹은 보살도 되고, 혹은 여래도 되어 모든 중생을 교화하고 조복하였습니다.

　혹은 법사가 되어 부처님 교법을 받들어 행하고, 받아 가지고, 읽고 외고, 이치를 생각하며, 부처님 탑을 세우고, 부처님 형상을 조성하여 스스로도 공양하고, 다른 이를 시켜서 향을 바르고 꽃을 흩고 공경하고 예배하게 하는 이와 같은 등의 일들이 계속하여 끊어지지 아니하였습니다.

2018년 1월 15일
신라 화엄종찰 금정산 범어사
如天 無比

대방광불화엄경 목차

대방광불화엄경 강설 제79권

三十九. 입법계품入法界品 20

대방광불화엄경 강설

제79권

三十九. 입법계품 20

52. 미륵보살 彌勒菩薩

섭덕성인상攝德成因相 선지식

(3) 미륵보살이 법을 보이다

1〉 선재동자가 누각에 들어가다

이시   선재동자   공경우요미륵보살마하
爾時에 **善財童子**가 **恭敬右繞彌勒菩薩摩訶**

살이   이백지언   유원대성   개누각문
薩已하고 **而白之言**호대 **唯願大聖**은 **開樓閣門**하사

영아득입
令我得入케하소서

그때에 선재동자는 미륵보살마하살을 공경하며 오른
쪽으로 돌고 나서 말하였습니다. "원컨대 거룩하신 이
께서 이 누각의 문을 열어서 제가 들어가게 해 주십
시오."

時에 彌勒菩薩이 前詣樓閣하사 彈指出聲에 其
〔시〕〔미륵보살〕〔전예누각〕〔탄지출성〕〔기〕

門卽開어늘 命善財入하신대 善財가 心喜하야 入已還
〔문즉개〕〔명선재입〕〔선재〕〔심희〕〔입이환〕

閉하다
〔폐〕

이때에 미륵보살이 누각 앞에 나아가 손가락을 튕겨
소리를 내니 그 문이 곧 열리었고, 선재동자에게 명하
여 들어가게 하니, 선재동자는 마음에 기뻐하여 들어갔
으며 문은 곧 다시 닫혔습니다.

화엄경 77권 중간에서 시작된 미륵보살의 이야기는 79권
에 이르러서도 아직도 계속된다. 선재동자가 처음 미륵보살
을 친견하려고 가서 먼저 비로자나장엄장 큰 누각 앞에서 선
정에 들었다가 일어나서는 누각을 한없이 찬탄하였다.

그후 미륵보살을 친견하고도 아직 누각에 들어가지 못
하였는데 비로소 미륵보살에게 청을 드리고 미륵보살이 곧
손가락을 튕기어 소리를 내자 누각의 문이 곧바로 열리었
다. 선재동자는 마음에 기뻐하여 드디어 누각에 들어가게

되었다.

비로자나장엄장 큰 누각이란 곧 미륵보살의 경계이다. 누각의 문이 열리고 선재동자가 그 누각에 들어가게 되었다는 것은 선재동자의 수행과 그 공덕과 미륵보살의 위신력으로 깊은 삼매에 들어가서 미륵보살의 모든 공덕과 모든 수행을 다 보고 다 알고 다 듣게 되었다는 것을 뜻한다.

뒤의 경문에 미륵보살의 모든 공덕과 모든 수행을 다 보고 다 안 뒤에 다시 미륵보살이 손가락을 튕기어 선재동자를 삼매에서 일어나게 한 내용이 있으므로 여기에서는 삼매에 들어갔다는 말은 없으나 누각에 들어간 것이 곧 그 뜻임을 알 수 있다.

2〉 미륵보살의 의보依報

견 기 누 각   광 박 무 량   동 어 허 공   아 승 지
見其樓閣이 廣博無量하야 同於虛空하니 阿僧祇

보   이 위 기 지   아 승 지 궁 전   아 승 지 문 달
寶로 以爲其地하며 阿僧祇宮殿과 阿僧祇門闥과

아 승 지 창 유   아 승 지 계 폐   아 승 지 난 순   아 승
阿僧祇窓牖와 阿僧祇階陛와 阿僧祇欄楯과 阿僧

지 도 로   개 칠 보 성
祇道路가 皆七寶成이며

그 누각을 보니 크고 넓기가 한량이 없어 허공과 같
고, 아승지 보배로 그 땅이 되고, 아승지 궁전과 아승지
문門과 아승지 창호와 아승지 섬돌과 아승지 난간과 아
승지 도로가 모두 칠보七寶로 되었습니다.

누각을 설명하고 있는데 그 내용은 미륵보살이 누리고
있는 의보依報이다. 의보란 부처님이나 보살이나 사람이 수
행과 지은 복덕에 의하여 누리는 주변 국토와 가옥과 의복
과 식물 등의 생활환경이다. 누각을 설명하는 내용의 온갖
아승지 장엄은 곧 미륵보살의 불가사의한 공덕을 뜻한다.

아승지阿僧祇는 범어로 Asaṃkhya이다. 인도의 큰 수數인
데 상세하게는 아승기야阿僧祇耶·아승기야阿僧企耶이며 줄여
서 승기僧祇라고도 하고 아승지라고도 한다. 무수無數·무앙
수無央數라 번역한다. 산수로 표현할 수 없는 가장 많은 수
이다. 화엄경 아승지품에서는 124대수大數를 설하였는데 그

가운데 아승지는 105번째 대수이다.

아승지번   아승지당   아승지개   주회간열
阿僧祇幡과 阿僧祇幢과 阿僧祇蓋가 周廻間列

　　　아승지중보영락   아승지진주영락   아승
하며 阿僧祇衆寶瓔珞과 阿僧祇眞珠瓔珞과 阿僧

지적진주영락   아승지사자주영락   처처수하
祇赤眞珠瓔珞과 阿僧祇獅子珠瓔珞이 處處垂下
하며

　　아승지 번기와 아승지 당기와 아승지 일산이 사이사
이 벌려 있고, 아승지 여러 보배 영락과 아승지 진주 영
락과 아승지 붉은 진주 영락과 아승지 사자 진주 영락
이 곳곳에 드리워졌습니다.

　　　아승지반월   아승지증대   아승지보망
阿僧祇半月과 阿僧祇繒帶와 阿僧祇寶網으로

이위엄식   아승지보탁   풍동성음   산아승
以爲嚴飾하며 阿僧祇寶鐸이 風動成音하며 散阿僧

지천 제잡화　　현아 승지 천 보 만 대
祇天諸雜華하며 縣阿僧祇天寶鬘帶하며

아승지 반달과 아승지 비단 띠와 아승지 보배 그물
로 장엄하였고, 아승지 보배 풍경이 바람에 흔들려 소
리를 내며, 아승지 하늘 꽃을 흩고, 아승지 하늘 보배로
된 화만華鬘 띠를 달았습니다.

엄아 승지 중 보 향 로　　우 아 승 지 세 말 금 설
嚴阿僧祇衆寶香爐하며 雨阿僧祇細末金屑하며

현 아 승 지 보 경　　연 아 승 지 보 등　　포 아 승 지 보
懸阿僧祇寶鏡하며 然阿僧祇寶燈하며 布阿僧祇寶

의　　열 아 승 지 보 장
衣하며 列阿僧祇寶帳하며

아승지 여러 가지 보배 향로로 장엄하고, 아승지 미
세한 금가루를 비 내리고, 아승지 보배 거울을 달고, 아
승지 보배 등을 켜고, 아승지 보배 옷을 폈으며, 아승지
보배 휘장을 나열하였습니다.

설아승지보좌　　아승지보증　　이부좌상
設阿僧祇寶座하야 **阿僧祇寶繒**으로 **以敷座上**하며

아승지염부단금동녀상　　아승지잡보제형상
阿僧祇閻浮檀金童女像과 **阿僧祇雜寶諸形像**과

아승지묘보보살상　　처처충변
阿僧祇妙寶菩薩像이 **處處充徧**하며

　아승지 보배 자리를 깔고, 아승지 보배 비단을 자리
위에 펴고, 아승지 염부단금 동녀 형상과 아승지 보배
로 된 여러 가지 형상과 아승지 묘한 보배로 된 보살 형
상이 곳곳마다 가득 찼습니다.

　아승지중조　　출화아음　　아승지보우발라
阿僧祇衆鳥가 **出和雅音**하며 **阿僧祇寶優鉢羅**

화　　아승지보파두마화　　아승지보구물두화
華와 **阿僧祇寶波頭摩華**와 **阿僧祇寶拘物頭華**와

아승지보분타리화　　이위장엄
阿僧祇寶芬陀利華로 **以爲莊嚴**하며

　아승지 새들은 청아한 소리를 내고, 아승지 보배 우
발라꽃과 아승지 보배 파두마꽃과 아승지 보배 구물두

꽃과 아승지 보배 분타리꽃으로 장엄하였습니다.

아승지보수　　차제항렬　　아승지마니보
阿僧祇寶樹가 次第行列하며 阿僧祇摩尼寶가

방대광명　　　여시등무량아승지제장엄구　　이
放大光明하야 如是等無量阿僧祇諸莊嚴具로 以

위장엄
爲莊嚴이러라

　아승지 보배 나무는 차례로 줄을 지었고, 아승지 마
니보배가 큰 광명을 놓아 이와 같은 등 한량없는 아승
지 온갖 장엄거리로 장엄하였습니다.

우견기중　　유무량백천제묘누각　　일일엄
又見其中에 有無量百千諸妙樓閣호대 一一嚴

식　　실여상설　　광박엄려　　개동허공　　불상
節에 悉如上說하고 廣博嚴麗가 皆同虛空하야 不相

장애　　　역무잡란
障礙하며 亦無雜亂이러라

또 보니, 그 가운데는 한량없는 백천 누각이 있는데 낱낱이 훌륭하게 꾸민 것이 모두 위에서 말한 바와 같고, 크고 넓고 화려하기가 모두 허공과 같아서 장애하지도 않고 또한 잡란하지도 아니하였습니다.

선재동자 어일처중 견일체처 일체제
善財童子가 **於一處中**에 **見一切處**하며 **一切諸**

처 실여시견
處에 **悉如是見**하니라

선재동자가 한 곳에서 모든 곳을 보듯이 일체 모든 곳에서도 다 이와 같이 보았습니다.

선재동자가 한 곳에서 그 누각의 그와 같은 장엄을 보는 것과 같이 모든 곳에서도 그 누각의 장엄을 그와 같이 보고 있음을 밝혔다.

이시 선재동자 견비로자나장엄장누각
爾時에 **善財童子**가 **見毘盧遮那莊嚴藏樓閣**의

여 시 종 종 불 가 사 의 자 재 경 계　생 대 환 희　　용
如是種種不可思議自在境界하고 **生大歡喜**하야 **踊**

약 무 량　　신 심 유 연　　이 일 체 상　　제 일 체 장
躍無量하야 **身心柔軟**하야 **離一切想**하며 **除一切障**

　멸 일 체 혹
하며 **滅一切惑**하며

그때에 선재동자가 비로자나장엄장 누각의 이와 같이 가지가지로 헤아릴 수 없이 자유자재한 경계를 보고, 크게 환희하여 한량없이 뛰면서 몸과 마음이 부드러워져서 모든 생각을 떠났으며, 모든 장애를 제거하고, 모든 의혹을 멸하였습니다.

선재동자가 그 누각의 불가사의한 경계를 보자마자 크게 환희하여 마음은 부드러워지고 일체 생각과 장애와 의혹들을 다 소멸하여 버렸다.

소 견 불 망　　소 문 능 억　　소 사 불 란　　입 어
所見不忘하며 **所聞能憶**하며 **所思不亂**하야 **入於**

무애해탈지문   보운기심   보견일체   보
無礙解脫之門하야 普運其心하며 普見一切하고 普

신경례
申敬禮하니라

본 것은 잊지 않고, 들은 것은 기억하고, 생각이 어
지럽지 아니하여 걸림 없는 해탈문에 들어가서 마음을
두루 운용하여 모든 것을 널리 보고 널리 예경하였습
니다.

3〉 미륵보살의 정보正報

재시계수   이미륵보살위신지력   자견기
纔始稽首에 以彌勒菩薩威神之力으로 自見其

신   변재일체제누각중   구견종종불가사의
身이 偏在一切諸樓閣中하야 具見種種不可思議

자재경계
自在境界하니

선재동자가 겨우 머리를 조아리자 미륵보살의 신통
한 힘을 말미암아 자기의 몸이 일체 모든 누각 속에 두
루 하여 있음을 보았으며, 갖가지 불가사의하고 자재한

경계를 모두 보았습니다.

　미륵보살의 정보正報란 미륵보살이 과거에 닦은 수행의 업인業因으로 받게 되는 과보果報들로서 발심과 종족과 선근과 수명과 부처님을 친견함과 대중들을 위하여 법을 설함 등을 선재동자가 모두 보았음을 밝혔다.

　소위 혹견 미륵보살　초발무상보리심시　　여
　所謂或見彌勒菩薩이 **初發無上菩提心時**에 **如**

시명자　여시종족　　여시선우지소개오　　영기
是名字와 **如是種族**과 **如是善友之所開悟**와 **令其**

종식여시선근
種植如是善根과

　이른바 혹은 미륵보살이 처음에 위없는 보리심을 낼 적에 이와 같은 이름과 이와 같은 종족과 이와 같이 선지식의 깨우침으로 이와 같은 착한 뿌리를 심던 일을 보았습니다.

선재동자는 미륵보살의 위신력으로 미륵보살이 그동안 어떻게 수행하시고 어떤 세월을 어떻게 살았는가를 낱낱이 다 보았음을 밝히고 있다.

주여시수　재여시겁　치여시불　처어여시
住如是壽와 **在如是劫**과 **値如是佛**과 **處於如是**

장엄찰토　수여시행　발여시원　피제여래
莊嚴刹土와 **修如是行**과 **發如是願**하며 **彼諸如來**

　여시중회　여시수명　경이허시　친근공
의 **如是衆會**에 **如是壽命**으로 **經爾許時**토록 **親近供**

양　실개명견
養을 **悉皆明見**하며

이와 같이 오래 살고, 이와 같이 겁을 지내면서, 이와 같은 부처님을 만나고, 이와 같은 장엄한 세계에 있으면서, 이와 같이 행을 닦고, 이와 같은 원을 세웠으며, 저 모든 여래의 이와 같은 대중의 모임에서 이와 같은 수명으로 이와 같은 세월을 지내면서 친근하고 공양하던 일을 모두 분명하게 보았습니다.

선재동자는 미륵보살의 이와 같은 모든 행적을 낱낱이 다 알고 다 보았다. 고인의 말씀에 "도道가 같아야 가히 그 도를 안다."고 하였다. 선재동자는 그 법이 미륵보살과 같은 경지에 이른 것임을 분명히 알 수 있다.

혹 견 미 륵　　최 초 증 득 자 심 삼 매　　종 시 이 래
或見彌勒이 **最初證得慈心三昧**하사 **從是已來**로

호 위 자 씨
號爲慈氏하며

혹은 미륵보살이 맨 처음에 인자한 마음 삼매를 증득하고, 그 뒤로부터 자씨慈氏라고 불리던 때의 일을 보기도 하였습니다.

혹 견 미 륵　　수 제 묘 행　　　성 만 일 체 제 바 라 밀
或見彌勒이 **修諸妙行**하사 **成滿一切諸波羅蜜**하며

혹은 미륵보살이 모든 묘한 행을 닦으며 일체 모든 바라밀다를 만족하던 일을 보기도 하였습니다.

혹견득인　　혹견주지　　혹견성취청정국
或見得忍하며 **或見住地**하며 **或見成就清淨國**
토
土하며

혹은 법을 아는 지혜를 얻음을 보기도 하고, 혹은 지
상에 머묾을 보기도 하고, 혹은 청정한 국토를 성취함
을 보기도 하였습니다.

혹견호지여래정교　　　위대법사　　　득무생
或見護持如來正教하사 **爲大法師**하야 **得無生**
인　　모시모처모여래소　　수어무상보리지기
忍하야 **某時某處某如來所**에 **受於無上菩提之記**
하며

혹은 여래의 바른 교법을 보호하며 큰 법사가 되어
생사 없는 지혜를 얻고, 어느 때 어느 곳 어느 여래에게
서 가장 높은 보리의 수기를 받던 일을 보기도 하였습
니다.

혹 견 미 륵　　위 전 륜 왕　　　권 제 중 생　　　주 십 선
或見彌勒이 **爲轉輪王**하사 **勸諸衆生**하야 **住十善**
도
道하고

혹은 미륵보살이 전륜왕이 되어서 모든 중생에게 권하여 열 가지 착한 길에 머물게 함을 보기도 하였습니다.

세상을 다스리는 왕이 되거나 대통령이 되면 국민들을 위해서 무엇을 하며 무엇을 가르칠 것인가를 보았다. 십선도 +善道란 십악+惡의 반대말로서 십선+善 또는 십선계+善戒라 고도 한다. 몸[動作] · 입[言語] · 뜻[意念]으로 십악을 범하지 않는 제계制戒이다. 불살생不殺生 · 불투도不偸盜 · 불사음不邪婬 · 불망어不妄語 · 불양설不兩舌 · 불악구不惡口 · 불기어不綺語 · 불탐욕不貪欲 · 불진에不瞋恚 · 불사견不邪見 등이다. 나라를 다스리는 책임자가 되면 국민들에게 무엇보다 우선적으로 정직하고 선량하여 인의예지를 실천하도록 가르쳐야 할 것이다. 미륵보살은 왕이 되었을 때 그렇게 하였음을 선재동자는 다 알고 다 보았다.

혹 위 호 세　　　　요 익 중 생　　　혹 위 석 천　　　가 책
或爲護世하사 **饒益衆生**하고 **或爲釋天**하사 **訶責**

오 욕
五欲하고

혹은 사천왕이 되어 중생을 이익하게 하고, 혹은 제
석천왕이 되어 다섯 가지 욕락을 꾸짖었습니다.

오욕五欲은 범어로 Pañca-kāmaguṇa이다. 오묘욕五妙欲
· 묘오욕妙五欲 · 오묘색五妙色 · 오묘五妙라고도 한다. 5근의
대상이 되어 가의可意 · 가애可愛 · 가락可樂의 것으로 모든 욕
망의 근원이 되는 것을 말한다. 곧 색色 · 성聲 · 향香 · 미味 ·
촉觸의 5경境이다. 그러나 이 5경은 욕구欲求의 대상이고 욕
구 그 자체는 아니다. 이 다섯 가지가 모든 욕망을 일으키
므로 5욕이라 한다. 또는 재욕財慾 · 색욕(色欲:성욕) · 음식욕
飮食慾 · 명예욕名譽慾 · 수면욕睡眠欲을 오욕이라고도 한다.

혹 위 염 마 천 왕　　　찬 불 방 일　　　혹 위 도 솔 천
或爲焰摩天王하사 **讚不放逸**하고 **或爲兜率天**

왕　　칭탄일생보살공덕
王하사 稱歎一生菩薩功德하고

혹은 염마천왕이 되어 방일하지 않은 일을 찬탄하
고, 혹은 도솔천왕이 되어 일생보처一生補處 보살의 공덕
을 칭찬하였습니다.

혹위화락천왕　　위제천중　　현제보살　변
或爲化樂天王하사 爲諸天衆하야 現諸菩薩의 變

화 장엄
化莊嚴하고

혹은 화락천왕이 되어 모든 하늘 무리에게 모든 보
살들의 변화하는 장엄을 나타내기도 하였습니다.

혹위 타화자재천왕　　위제천중　　연설일
或爲他化自在天王하사 爲諸天衆하야 演說一

체 제 불 지 법
切諸佛之法하고

혹은 타화자재천왕이 되어 모든 하늘 무리에게 일체

모든 부처님 법을 연설하기도 하였습니다.

혹 작 마 왕   설 일 체 법   개 실 무 상   혹 위
或作魔王하사 **說一切法**이 **皆悉無常**하고 **或爲**

범 왕   설 제 선 정   무 량 희 락
梵王하사 **說諸禪定**의 **無量喜樂**하고

혹은 마왕이 되어 모든 법이 무상하다 말하고, 혹은
범천왕이 되어 모든 선정의 한량없는 기쁨과 즐거움을
말하였습니다.

혹 위 아 수 라 왕   입 대 지 해   요 법 여 환
或爲阿修羅王하사 **入大智海**하야 **了法如幻**하사

위 기 중 회   상 연 설 법   단 제 일 체 교 만 취 오
爲其衆會하야 **常演說法**하야 **斷除一切憍慢醉傲**하며

혹은 아수라왕이 되어 큰 지혜 바다에 들어가서 법
이 환술과 같음을 알고, 그 모인 대중들에게 법을 연설
하여 모든 교만함과 취함과 거만함을 끊게도 하였습
니다.

혹 부 견 기 처 염 라 계　　방 대 광 명　　구 지 옥
或復見其處閻羅界하사 **放大光明**하야 **救地獄**

고
苦하며

혹은 또 그가 염라세계에 있으면서 큰 광명을 놓아
지옥의 고통을 구원함을 보기도 하였습니다.

혹 견 재 어 아 귀 지 처　　시 제 음 식　　제 피 기
或見在於餓鬼之處하사 **施諸飲食**하야 **濟彼飢**

갈
渴하며

혹은 아귀의 세계에서 온갖 음식을 보시하여 기갈을
구제함을 보기도 하였습니다.

혹 견 재 어 축 생 지 도　　종 종 방 편　　조 복 중
或見在於畜生之道하사 **種種方便**으로 **調伏衆**

생
生하며

혹은 축생의 길에서 여러 가지 방편으로 중생을 조
복함을 보기도 하였습니다.

혹 부 견 위 호 세 천 왕 중 회 설 법
或復見爲護世天王衆會說法하며

혹은 또 사천왕의 대중을 위하여 법을 설함을 보기
도 하였습니다.

혹 부 견 위 도 리 천 왕 중 회 설 법
或復見爲忉利天王衆會說法하며

혹은 또 도리천왕의 대중을 위하여 법을 설함을 보
기도 하였습니다.

혹 부 견 위 염 마 천 왕 중 회 설 법
或復見爲焰摩天王衆會說法하며

혹은 또 염마천왕의 대중을 위하여 법을 설함을 보

기도 하였습니다.

혹 부 견 위 도 솔 천 왕 중 회 설 법
或復見爲兜率天王衆會說法하며

혹은 또 도솔천왕의 대중을 위하여 법을 설함을 보기도 하였습니다.

혹 부 견 위 화 락 천 왕 중 회 설 법
或復見爲化樂天王衆會說法하며

혹은 또 화락천왕의 대중을 위하여 법을 설함을 보기도 하였습니다.

혹 부 견 위 타 화 자 재 천 왕 중 회 설 법
或復見爲他化自在天王衆會說法하며

혹은 또 타화자재천왕의 대중을 위하여 법을 설함을 보기도 하였습니다.

혹 부 견 위 대 범 왕 중 회 설 법
或復見爲大梵王衆會說法하며

혹은 또 대범천왕의 대중을 위하여 법을 설함을 보기도 하였습니다.

혹 부 견 위 용 왕 중 회 설 법
或復見爲龍王衆會說法하며

혹은 또 용왕 대중에게 법을 설함을 보기도 하였습니다.

혹 부 견 위 야 차   나 찰 왕 중 회 설 법
或復見爲夜叉와 **羅刹王衆會說法**하며

혹은 또 야차와 나찰왕 대중에게 법을 설함을 보기도 하였습니다.

혹 부 견 위 건 달 바   긴 나 라 왕 중 회 설 법
或復見爲乾闥婆와 **緊那羅王衆會說法**하며

혹은 또 건달바와 긴나라왕 대중에게 법을 설함을 보기도 하였습니다.

혹 부 견 위 아 수 라　타 나 바 왕 중 회 설 법
或復見爲阿修羅와 **陀那婆王衆會說法**하며

혹은 또 아수라와 타나바陀那婆왕 대중에게 법을 설함을 보기도 하였습니다.

혹 부 견 위 가 루 라　마 후 라 가 왕 중 회 설 법
或復見爲迦樓羅와 **摩睺羅伽王衆會說法**하며

혹은 또 가루라와 마후라가왕 대중에게 법을 설함을 보기도 하였습니다.

혹 부 견 위 기 여 일 체 인 비 인 등 중 회 설 법
或復見爲其餘一切人非人等衆會說法하며

혹은 또 그 밖의 모든 사람과 사람 아닌 이들의 대중에게 법을 설함을 보기도 하였습니다.

혹 부 견 위 성 문 중 회 설 법
或復見爲聲聞衆會說法하며

혹은 또 성문 대중을 위하여 법을 설함을 보기도 하였습니다.

혹 부 견 위 연 각 중 회 설 법
或復見爲緣覺衆會說法하며

혹은 또 연각 대중을 위하여 법을 설함을 보기도 하였습니다.

혹 부 견 위 초 발 심　　내 지 일 생 소 계 이 관 정 자
或復見爲初發心과 **乃至一生所繫已灌頂者**

제 보 살 중　　　이 연 설 법
諸菩薩衆하사 **而演說法**하며

혹은 또 처음 발심한 이와 내지 일생보처로 정수리에 물을 부은 보살들을 위하여 법을 설함을 보기도 하였습니다.

혹 견 찬 설 초 지　　내 지 십 지　　소 유 공 덕
或見讚說初地와 乃至十地의 所有功德하며

혹은 초지初地와 내지 십지十地 보살의 공덕을 찬탄함
을 보기도 하였습니다.

혹 견 찬 설 만 족 일 체 제 바 라 밀
或見讚說滿足一切諸波羅蜜하며

혹은 일체 모든 바라밀다를 만족한 이를 찬탄함을
보기도 하였습니다.

혹 견 찬 설 입 제 인 문
或見讚說入諸忍門하며

혹은 모든 지혜의 문에 들어감을 찬탄함을 보기도
하였습니다.

혹 견 찬 설 제 대 삼 매 문
或見讚說諸大三昧門하며

혹은 여러 큰 삼매문을 찬탄함을 보기도 하였습니다.

혹 견 찬 설 심 심 해 탈 문
或見讚說甚深解脫門하며

혹은 깊고 깊은 해탈문을 찬탄함을 보기도 하였습니다.

혹 견 찬 설 제 선 삼 매 신 통 경 계
或見讚說諸禪三昧神通境界하며

혹은 모든 선정과 삼매와 신통한 경계를 찬탄함을
보기도 하였습니다.

혹 견 찬 설 제 보 살 행
或見讚說諸菩薩行하며

혹은 모든 보살의 행을 찬탄함을 보기도 하였습니다.

혹 견 찬 설 제 대 서 원
或見讚說諸大誓願하며

혹은 여러 가지 큰 서원을 찬탄함을 보기도 하였습니다.

혹 견 여 제 동 행 보 살　　찬 설 세 간 자 생 공 교 종
或見與諸同行菩薩로 **讚說世間資生工巧種**

종 방 편 이 중 생 사
種方便利衆生事하며

혹은 모든 함께 수행하는 보살과 더불어 세간에서 살아가는 기술과 여러 가지 방편으로 중생을 이익하게 함을 찬탄함을 보기도 하였습니다.

혹 견 여 제 일 생 보 살　　찬 설 일 체 불 관 정 문
或見與諸一生菩薩로 **讚說一切佛灌頂門**하며

혹은 모든 일생보처 보살과 더불어 모든 부처님의 정수리에 물 붓는 문을 찬탄함을 보기도 하였습니다.

혹견미륵　어백천년경행　독송서사경권
或見彌勒이 **於百千年經行**에 **讀誦書寫經卷**하사

근구관찰　　위중설법
勤求觀察하야 **爲衆說法**하사대

　혹은 미륵보살이 백천년 동안 거닐고, 경전을 읽고, 외고, 쓰고, 부지런히 관찰하고, 대중에게 법을 설하며,

혹입제선사무량심
或入諸禪四無量心하고

　혹은 모든 선정과 네 가지 한량없는 마음에 들기도 하고,

혹입변처　급제해탈
或入徧處와 **及諸解脫**하고

　혹은 모든 곳에 두루 함과 모든 해탈에 들기도 하고,

혹입삼매　　이방편력　　현제신변
或入三昧하야 **以方便力**으로 **現諸神變**하니라

혹은 삼매에 들어서 방편의 힘으로 모든 신통변화를
나타냄을 보기도 하였습니다.

그동안 선재동자가 미륵보살의 정보正報에 관한 내용들
을 다 보고 다 알게 된 것을 밝혔다.

4〉 미륵보살과 함께한 여러 대중

혹견제보살　　입변화삼매　　각어기신일일
或見諸菩薩이 **入變化三昧**하사 **各於其身一一**

모공　　출어일체변화신운
毛孔에 **出於一切變化身雲**하며

혹은 여러 보살들이 변화삼매에 들어 각각 그 몸의
낱낱 모공으로 모든 변화하는 몸 구름을 내는 것을 보
았습니다.

혹견출천중신운   혹견출용중신운
或見出天衆身雲하며 **或見出龍衆身雲**하며

혹은 하늘 무리의 몸 구름을 내는 것을 보았으며, 혹
은 용 무리의 몸 구름을 내는 것을 보았습니다.

혹견출야차   건달바   긴나라   아수라   가
或見出夜叉와 **乾闥婆**와 **緊那羅**와 **阿修羅**와 **迦**

루라   마후라가   석범호세   전륜성왕   소왕
樓羅와 **摩睺羅伽**와 **釋梵護世**와 **轉輪聖王**과 **小王**

왕자   대신관속   장자거사신운
과 **王子**와 **大臣官屬**과 **長者居士身雲**하며

혹은 야차와 건달바와 긴나라와 아수라와 가루라와
마후라가와 제석帝釋과 범천梵天과 사천왕과 전륜왕과 작
은 왕과 왕자와 대신과 벼슬아치와 장자와 거사의 몸
구름을 내는 것을 보았습니다.

혹견출성문연각   급제보살여래신운
或見出聲聞緣覺과 **及諸菩薩如來身雲**하며

혹은 성문과 연각과 보살과 여래의 몸 구름을 내는 것을 보았습니다.

혹 견 출 일 체 중 생 신 운
或見出一切衆生身雲하며

혹은 모든 중생의 몸 구름을 내는 것을 보았습니다.

혹 견 출 묘 음　　찬 제 보 살 종 종 법 문
或見出妙音하야 **讚諸菩薩種種法門**하니

혹은 묘한 음성을 내어 모든 보살의 갖가지 법문을 찬탄함을 보았습니다.

소 위 찬 설 보 리 심 공 덕 문　　찬 설 단 바 라 밀
所謂讚說菩提心功德門하고 **讚說檀波羅蜜**과

내 지 지 바 라 밀 공 덕 문
乃至智波羅蜜功德門하고

이른바 보리심의 공덕문을 찬탄하며, 단나바라밀다

와 내지 지혜바라밀다의 공덕문을 찬탄하며,

찬설제섭제선　　제무량심　　급제삼매　　삼마
讚說諸攝諸禪과 **諸無量心**과 **及諸三昧**와 **三摩**

발저　　제통제명　　총지변재　　제제제지　　지관
鉢底와 **諸通諸明**과 **總持辯才**와 **諸諦諸智**와 **止觀**

해탈　　제연제의　　제설법문
解脫과 **諸緣諸依**와 **諸說法門**하고

여러 가지 거두어 주는 것[四攝法]과 선정禪定과 한량없
는 마음[四無量心]과 삼매와 삼마발저三摩鉢底와 트임[六神通]
과 밝음[三明]과 다라니와 변재와 참된 진리와 지혜와 지
止와 관觀과 해탈과 인연과 의지와 법문 설함을 찬탄하며,

찬설염처정근　　신족근력　　칠보리분　　팔
讚說念處正勤과 **神足根力**과 **七菩提分**과 **八**

성도분　　제성문승　　제독각승　　제보살승　　제
聖道分과 **諸聲聞乘**과 **諸獨覺乘**과 **諸菩薩乘**과 **諸**

지 제 인   제 행 제 원   여 시 등 일 체 제 공 덕 문
地諸忍과 **諸行諸願**의 **如是等一切諸功德門**이니라

네 가지 생각의 곳[四念處]과 네 가지 바른 정근[四正勤]과 네 가지 뜻대로의 발[四如意足], 다섯 가지 근[五根], 다섯 가지 힘[五力], 일곱 가지 보리의 부분[七菩提分], 여덟 가지 바른 길[八聖道], 성문승, 독각승, 보살승, 모든 지地, 모든 지혜, 모든 행行, 모든 원願 등 이와 같은 일체 모든 공덕문을 찬탄함을 보았습니다.

미륵보살이 불교 일반에 대해서 남김없이 설하는 것을 선재동자가 다 듣고 다 보았음을 밝혔다. 육바라밀과 사섭법과 사무량심과 삼마발저三摩鉢底와 육신통과 삼명과 지止와 관觀과 해탈과 인연과 37도품과 성문승과 독각승과 보살승에 이르기까지 낱낱이 다 설하였음을 보고 들었다.

삼마발저三摩鉢底란 정定의 일명이다. 삼마발제三摩鉢提 · 三摩拔提라고도 한다. 등지等至라 번역하는데 정을 등지라 함은 등等은 정력定力에 의하여 혼침惛沈 · 도거掉擧의 번뇌를 여의고 마음이 평등 · 평정平靜함을 말한다. 정력이 이런 상태에 이르게 하므로 지至라 한다.

5〉 모든 부처님이 섭화攝化하다

혹부어중　견제여래　대중위요　　역견기
或復於中에 **見諸如來**의 **大衆圍繞**하며 **亦見其**

불　생처종성　신형수명　찰겁명호　설법이
佛의 **生處種姓**과 **身形壽命**과 **刹劫名號**와 **說法利**

익　교주구근　내지소유도량중회　　종종부
益과 **教住久近**과 **乃至所有道場衆會**하야 **種種不**

동　실개명견
同을 **悉皆明見**하니라

혹은 또 그 가운데서 모든 여래를 대중이 둘러싸고 있음을 보았으며, 또한 그 부처님이 나신 곳과 가문과 몸의 형상과 오래 삶과 세계와 겁劫과 이름과 법을 설하여 이익하게 함과 교법이 얼마나 오래 머무르는지와 내지 도량의 대중이 여러 가지로 같지 아니함을 모두 분명하게 보고 있는 것까지 보았습니다.

선재동자는 또 모든 여래를 대중이 둘러싸고 있는데 미륵보살이 함께하고 있음을 보았다. 그뿐만 아니라 그 부처님이 나신 곳과 가문과 몸의 형상 등을 보는 것까지 다 보았다.

6) 누각 속의 누각을 보다

우부어피장엄장내제누각중　견일누각　　고
又復於彼莊嚴藏內諸樓閣中에 **見一樓閣**이 **高**

광엄식　　　최상무비
廣嚴飾하야 **最上無比**하니

또한 다시 저 장엄장 안에 있는 여러 누각 중에서 한 누각을 보니, 높고 넓고 훌륭하게 꾸민 것이 가장 뛰어나서 견줄 데가 없었습니다.

어중　　실견삼천세계백억사천하　백억도솔
於中에 **悉見三千世界百億四天下**와 **百億兜率**

타천　일일개유미륵보살　강신탄생　　석범
陀天에 **一一皆有彌勒菩薩**이 **降神誕生**이어든 **釋梵**

천왕　봉지정대　유행칠보　관찰시방　대사
天王이 **捧持頂戴**와 **遊行七步**와 **觀察十方**과 **大獅**

자후
子吼와

그 가운데 삼천대천세계의 백억 사천하가 있는데, 백억 도솔천에 낱낱이 미륵보살로 있다가 신神으로 내려

와서 탄생하는 것을 제석과 범천왕이 받들어 머리에 올리며, 일곱 걸음을 다니고 시방을 살펴보며 크게 사자후하는 것을 보았습니다.

　　현위동자　　　거처궁전　　유희원원　　위일체
　　現爲童子하야 居處宮殿과 遊戱園苑과 爲一切

　지　　　출가고행　　시수유미　　왕예도량　　항복
　智하야 出家苦行과 示受乳糜와 往詣道場과 降伏

　제마　　성등정각　　관보리수
　諸魔와 成等正覺과 觀菩提樹와

　　동자로서 궁전에 거처하고 정원에서 노닐며, 일체 지혜를 얻기 위하여 출가하여 고행하고, 유미죽을 받고 도량에 나아가서 모든 마군을 항복받고 등정각을 이루고, 보리수를 살펴보시며,

　　범왕권청　　전정법륜　　승천궁전　　　이연설
　　梵王勸請과 轉正法輪과 昇天宮殿하야 而演說

법　겁수수량　중회장엄　소정국토　소수행
法과 劫數壽量과 衆會莊嚴과 所淨國土와 所修行

원　교화성숙중생방편　분포사리　주지교법
願과 教化成熟衆生方便과 分布舍利와 住持教法

　개 실 부 동
이 皆悉不同이러라

　범왕의 권청으로 바른 법륜을 굴리고, 천궁에 올라
가서 법을 연설하는 일과 겁과 수명과 대중 모임의 장
엄과 국토를 깨끗이 함과, 행과 원을 닦음과 중생을
교화하여 성숙하게 하는 방편과 사리를 나누어 분포함
과 교법을 머물러 유지함이 모두 같지 아니함을 보았
습니다.

　비로자나장엄장 큰 누각 안에 또 하나의 누각이 있었는
데 그 가운데 삼천대천세계의 백억 사천하가 있고, 그 백억
사천하에 또 백억 도솔천이 있고, 그곳에 또 낱낱이 미륵보
살이 있으면서 신神으로 내려와서 탄생하는 일 등을 선재동
자는 다 보았다. 그뿐만 아니라 미륵보살이 출가하고, 고행
하고, 성도하고, 법륜을 굴리고, 중생들을 교화하고, 열반

한 뒤에 사리를 분포하는 일까지 다 보았다.

이 시　선 재　자 견 기 신　재 피 일 체 제 여 래 소
爾時에 **善財**가 **自見其身**이 **在彼一切諸如來所**

역 견 어 피 일 체 중 회 일 체 불 사　억 지 불 망
하며 **亦見於彼一切衆會一切佛事**하고 **憶持不忘**하야

통 달 무 애
通達無礙하니라

　　그때에 선재동자는 스스로 자기의 몸이 일체 모든
여래의 처소에 있음을 보았으며, 또한 저 모든 대중의
모임과 모든 불사佛事를 보고, 기억하여 잊지 않았으며
통달하여 걸림이 없었습니다.

7〉 누각의 여러 장엄구들이 작용함을 보다

〈1〉 법문 연설함을 듣다

부 문 일 체 제 누 각 내　보 망 영 탁　급 제 악 기
復聞一切諸樓閣內에 **寶網鈴鐸**과 **及諸樂器**가

개 실 연 창 불 가 사 의 미 묘 법 음　　설 종 종 법
皆悉演暢不可思議微妙法音하야 說種種法하니

다시 또 일체 모든 누각 안에 있는 보배 그물과 풍
경과 모든 악기에서 불가사의한 미묘한 법의 음성을 다
내어 여러 가지 법을 연설함을 들었습니다.

선재동자는 누각의 여러 장엄구들이 일일이 다 작용함을
보았는데 먼저 모든 누각 안에 있는 보배 그물과 풍경과 모
든 악기에서 불가사의한 미묘한 법의 음성을 내어 여러 가지
법을 연설함을 들었다.

소 위 혹 설 보 살　　발 보 리 심　　혹 설 수 행 바 라
所謂或說菩薩의 發菩提心하며 或說修行波羅

밀 행　　혹 설 제 원　　혹 설 제 지　　혹 설 공 경 공
蜜行하며 或說諸願하며 或說諸地하며 或說恭敬供

양 여 래　　혹 설 장 엄 제 불 국 토
養如來하며 或說莊嚴諸佛國土하며

이른바 혹 보살이 보리심 내는 것을 말하고, 혹 바라

밀다행 닦음을 말하고, 혹 모든 원을 말하고, 혹 모든 지위를 말하고, 혹 여래께 공경하고 공양함을 말하고, 혹 모든 부처님의 국토를 장엄함을 말하고,

혹설 제불　설법 차별　　여상소설일체불법
或說諸佛의 **說法差別**이니 **如上所說一切佛法**

실문기음　　부창변료
을 **悉聞其音**하고 **敷暢辨了**하며

혹 모든 부처님의 법을 말씀하신 차별을 말하는데 위와 같이 설하는 바의 모든 부처님 법을 말하는 소리를 다 들으니 화창하고 분명하였습니다.

우문모처　　유모보살　　문모법문　　모선지
又聞某處에 **有某菩薩**이 **聞某法門**하고 **某善知**

식지소권도　　발보리심
識之所勸導로 **發菩提心**과

또 들으니, 어느 곳 아무 보살은 누구의 법문을 듣고 아무 선지식의 지도로 보리심을 내었으며,

어모겁모찰모여래소모대중중　문어모불
於某劫某刹某如來所某大衆中에 **聞於某佛**의

여시공덕　발여시심　기여시원
如是功德하고 **發如是心**하며 **起如是願**하며

어느 겁에 어느 세계에서 아무 여래의 어느 대중에 있으면서, 아무 부처님의 이와 같은 공덕을 듣고는 이와 같은 마음을 내고, 이와 같은 원을 일으키고,

종어여시광대선근　경약간겁　수보살행
種於如是廣大善根과 **經若干劫**토록 **修菩薩行**과

어이허시　당성정각
於爾許時에 **當成正覺**과

이와 같이 광대한 착한 뿌리를 심었으며, 몇 겁을 지내면서 보살의 행을 닦다가, 얼마나 오랜 뒤에 마땅히 정각을 이루었으며,

여시명호　여시수량　여시국토　구족장엄
如是名號와 **如是壽量**과 **如是國土**의 **具足莊嚴**

만 여 시 원　　화 여 시 중　　여 시 성 문 보 살 중 회
과 **滿如是願**과 **化如是衆**과 **如是聲聞菩薩衆會**와

이와 같은 이름과 이와 같은 목숨과 이와 같은 국토
의 장엄을 구족함과 이와 같은 원을 이루며, 이와 같은
대중과 이와 같은 성문과 보살 대중을 교화하였으며,

반 열 반 후　　정 법 주 세　　　경 이 허 겁　　　이 익
般涅槃後에 **正法住世**하야 **經爾許劫**토록 **利益**

여 시 무 량 중 생
如是無量衆生하며

열반한 뒤에 바른 법이 세상에 머물러 있어서 몇 겁
을 지내면서 이와 같은 한량없는 중생들을 이익하게 하
였다는 말을 들었습니다.

혹 문 모 처　　유 모 보 살　　보 시 지 계 인 욕 정 진
或聞某處에 **有某菩薩**이 **布施持戒忍辱精進**

선 정 지 혜　　수 습 여 시 제 바 라 밀
禪定智慧로 **修習如是諸波羅蜜**하며

혹은 또 어느 곳에는 아무 보살이 있어서 보시, 지계, 인욕, 정진, 선정, 지혜로 이와 같은 모든 바라밀다를 닦았다는 말을 들었습니다.

혹문모처　유모보살　위구법고　기사왕위
或聞某處에 **有某菩薩**이 **爲求法故**로 **棄捨王位**

급제진보　처자권속　수족두목　일체신분
와 **及諸珍寶**와 **妻子眷屬**과 **手足頭目**의 **一切身分**

개무소린
하야 **皆無所恡**하며

혹은 또 어느 곳에는 아무 보살이 있는데 법을 구하기 위하여 국왕의 지위와 모든 보배와 처자와 권속이며 손과 발과 머리와 눈의 모든 것을 아끼지 않았다는 말을 들었습니다.

혹문모처　유모보살　수호여래　소설정법
或聞某處에 **有某菩薩**이 **守護如來**의 **所說正法**

위대법사 광행법시 건법당 취법라
하야 爲大法師하야 廣行法施하야 建法幢하고 吹法螺

격법고 우법우 조불탑묘 작불형상
하며 擊法鼓하고 雨法雨하며 造佛塔廟하고 作佛形像

시제중생일체낙구
하야 施諸衆生一切樂具하며

혹은 또 어느 곳에는 아무 보살이 있어서 여래께서
말씀하신 바른 법을 수호하여 큰 법사가 되었으며, 법
보시를 널리 행하여 법의 당기를 세우고, 법의 소라를
불고, 법의 북을 치고, 법의 비를 내리며, 부처님 탑을
조성하고, 부처님 형상을 조성하며, 모든 중생에게 여
러 가지 즐거운 도구를 보시한다는 말을 들었습니다.

혹문모처 유모여래 어모겁중 성등정각
或聞某處에 有某如來가 於某劫中에 成等正覺한

여시국토 여시중회 여시수명 설여시법
如是國土와 如是衆會와 如是壽命과 說如是法과

만여시원 교화여시무량중생
滿如是願과 敎化如是無量衆生하니라

혹은 또 어느 곳에는 아무 여래가 아무 겁에 등정각을 이루었는데 이와 같은 국토와 이와 같은 모인 대중과 이와 같은 수명과 이와 같은 법을 설하고, 이와 같은 원을 만족하고, 이와 같은 한량없는 중생을 교화하였다는 말을 들었습니다.

선재동자　문여시등불가사의미묘법음
善財童子가 聞如是等不可思議微妙法音하고

신심환희　유연열역　즉득무량제총지문
身心歡喜하야 柔軟悅懌하야 卽得無量諸總持門과

제변재문　제선제인　제원제도　제통제명
諸辯才門과 諸禪諸忍과 諸願諸度와 諸通諸明과

급제해탈　제삼매문
及諸解脫과 諸三昧門하니라

선재동자는 이와 같은 등 불가사의하고 미묘한 법의 음성을 듣고, 몸과 마음이 환희하고 부드럽고 기뻐서 즉시에 한량없는 모든 다라니문과 모든 변재문과 모든 선정과 모든 법 지혜와 모든 서원誓願과 모든 바라밀다와 모든 신통과 모든 밝음과 모든 해탈과 모든 삼매문을 얻었습니다.

선재동자는 누각 안에 있는 보배 그물과 풍경과 모든 악
기에서 불가사의한 미묘한 음성을 내어 위에서 열거한 가지
가지 설법하는 소리를 듣고는 몸과 마음이 환희하여 즉시에
한량없는 모든 다라니와 변재와 선정 등을 얻었음을 밝혔
다.

〈2〉 보배 거울에서의 작용을 보다

우 견 일 체 제 보 경 중 종 종 형 상   소 위 혹 견 제
又見一切諸寶鏡中種種形像하니 所謂或見諸

불 중 회 도 량   혹 견 보 살 중 회 도 량   혹 견 성
佛衆會道場하며 或見菩薩衆會道場하며 或見聲

문 중 회 도 량   혹 견 연 각 중 회 도 량
聞衆會道場하며 或見緣覺衆會道場하며

또 일체 모든 보배 거울 가운데서 가지가지 형상을
보았으니, 이른바 혹 모든 부처님 대중이 모인 도량을
보았으며, 혹 보살 대중이 모인 도량을 보았으며, 혹 성

문 대중이 모인 도량을 보았으며, 혹 연각 대중이 모인 도량을 보았습니다.

비로자나장엄장 큰 누각이 있고 그 누각 속에 또 누각이 있는데, 그 누각에는 온갖 장엄구들이 있어서 보배 그물과 풍경과 모든 악기에서 불가사의한 미묘한 음성을 내어 법을 설하였고, 다시 보배 거울에서 가지가지 형상 나타내는 것을 다 보았음을 밝혔다.

혹 견 정 세 계　　혹 견 부 정 세 계　　혹 견 정 부 정
或見淨世界하며 **或見不淨世界**하며 **或見淨不淨**

세 계　　혹 견 부 정 정 세 계　　혹 견 유 불 세 계
世界하며 **或見不淨淨世界**하며 **或見有佛世界**하며

혹 견 무 불 세 계
或見無佛世界하며

혹 깨끗한 세계를 보았으며, 혹 부정한 세계를 보았으며, 혹 깨끗하면서 부정한 세계를 보았으며, 혹 부정하면서 깨끗한 세계를 보았으며, 혹 부처님 있는 세계

를 보았으며, 혹 부처님 없는 세계를 보았습니다.

혹견소세계   혹견중세계   혹견대세계
或見小世界하며 **或見中世界**하며 **或見大世界**하며

혹견인다라망세계   혹견복세계   혹견앙세
或見因陀羅網世界하며 **或見覆世界**하며 **或見仰世**

계   혹견평탄세계
界하며 **或見平坦世界**하며

　　혹 작은 세계를 보았으며, 혹 중간 세계를 보았으며,
혹 큰 세계를 보았으며, 혹 인드라그물 세계를 보았으
며, 혹 엎어진 세계를 보았으며, 혹 잦혀진 세계를 보았
으며, 혹 평탄한 세계를 보기도 하였습니다.

혹견지옥축생아귀소주세계   혹견천인충
或見地獄畜生餓鬼所住世界하며 **或見天人充**

만세계
滿世界하야

　　혹 지옥 축생 아귀가 사는 세계를 보았으며, 혹 하늘

과 사람이 충만한 세계를 보기도 하였습니다.

어 여 시 등 제 세 계 중   견 유 무 수 대 보 살 중   혹
於如是等諸世界中에 見有無數大菩薩衆이 或

행 혹 좌   작 제 사 업   혹 기 대 비   연 민 중 생
行或坐하야 作諸事業하며 或起大悲하야 憐愍衆生
하며

이와 같은 등 모든 세계에는 무수한 큰 보살들이 있
는데 혹 다니기도 하고 혹 앉기도 하여 여러 가지 사업
을 하며, 혹 매우 가엾은 마음으로 중생들을 연민히 여
기기도 하고,

혹 조 제 론   이 익 세 간   혹 수 혹 지   혹 서
或造諸論하야 利益世間호대 或受或持하며 或書

혹 송   혹 문 혹 답   삼 시 참 회   회 향 발 원
或誦하며 或問或答하야 三時懺悔하야 廻向發願하니라

혹 여러 가지 논문을 지어 세간을 이익하게도 하고,
혹 배우고, 혹 지니고, 혹 쓰고, 혹 외고, 혹 묻고, 혹

대답도 하면서 세 때로 참회하고 회향하여 원을 세우는 것을 보기도 하였습니다.

보배 거울에서 위와 같은 작용이 있음을 선재동자는 낱낱이 다 보았다. 모두가 불법 가운데서 보살들이 행하는 일상의 불사이다.

〈3〉 보배 기둥에서 광명을 놓다

又見一切諸寶柱中에 放摩尼王大光明網호대
우 견 일 체 제 보 주 중   방 마 니 왕 대 광 명 망

或靑或黃이며 或赤或白이며 或玻瓈色이요 或水精
혹 청 혹 황   혹 적 혹 백   혹 파 려 색   혹 수 정

色이며 或帝靑色이요 或虹霓色이며 或閻浮檀金色
색   혹 제 청 색   혹 홍 예 색   혹 염 부 단 금 색

이요 或作一切諸光明色하니라
혹 작 일 체 제 광 명 색

또 보니, 일체 모든 보배 기둥에서 마니왕 큰 광명 그물을 놓는데, 혹 푸르고 혹 누르고, 혹 붉고 혹 희며,

혹 파려빛이고 혹 수정빛이며, 혹 제청빛이고 혹 무지개빛이며, 혹 염부단금빛이며 혹 일체 모든 광명 빛이기도 하였습니다.

〈4〉 보배 형상의 위의威儀

우견피염부단금동녀　　　급중보상　　　혹이기수
又見彼閻浮檀金童女와 及衆寶像이 或以其手

이집화운　　　혹집의운　　　혹집당번　　　혹집
로 而執華雲하며 或執衣雲하며 或執幢幡하며 或執

만개　　　혹지종종도향말향　　　혹지상묘마니
鬘蓋하며 或持種種塗香末香하며 或持上妙摩尼

보망　　　혹수금쇄　　　혹괘영락　　　혹거기비
寶網하며 或垂金鎖하며 或挂瓔珞하며 或擧其臂하야

봉장엄구　　　혹저기수　　　수마니관　　　곡궁첨
捧莊嚴具하며 或低其首하야 垂摩尼冠하고 曲躬瞻

앙　　　목부잠사
仰하야 目不暫捨하니라

또 염부단금으로 만든 동녀의 형상과 여러 가지 보배 형상이 있는데, 혹은 손에 꽃구름을 잡고, 혹은 옷

구름을 잡았으며, 혹 당기와 번기도 잡고, 혹 화만과 일산도 잡고, 혹 여러 가지 바르는 향과 가루 향도 잡고, 혹 가장 훌륭한 마니보배 그물도 잡고, 혹 금 사슬을 드리우고, 혹 영락을 걸고, 혹 팔을 들어 장엄거리를 받들기도 하고, 혹 머리를 숙여 마니 관을 드리우기도 하고, 허리를 굽히고, 우러러보며, 잠깐도 한눈팔지 않았습니다.

<5> 영락에서 향수가 나오다

우 견 피 진 주 영 락　　상 출 향 수　　구 팔 공 덕
又見彼眞珠瓔珞이 **常出香水**하야 **具八功德**하며

유 리 영 락　　백 천 광 명　　동 시 조 요　　당 번 망 개
瑠璃瓔珞의 **百千光明**이 **同時照耀**하며 **幢幡網蓋**의

여 시 등 물　　일 체 개 이 중 보 장 엄
如是等物이 **一切皆以衆寶莊嚴**하니라

또 보니, 저 진주 영락에서 항상 향수가 흐르는데 여덟 가지 공덕이 구족하고, 유리 영락에서는 백천 가지 광명이 한꺼번에 비추며, 당기와 번기와 그물과 일산의 이와 같은 등 물건들이 모두 여러 가지 보배로 장엄하였습니다.

팔공덕수八功德水란 여덟 가지 공덕을 갖추고 있는 물이다. 여덟 가지 공덕은 경에 따라 같지 않다. 칭찬정토경에는 고요하고 깨끗함, 차고 맑은 것, 맛이 단 것, 입에 부드러운 것, 윤택한 것, 편안하고 화평한 것, 기갈 등의 한량없는 근심을 없애 주는 것, 여러 근根을 잘 길러 주는 것이라 하였고, 구사론에는 달고·차고·부드럽고·가볍고·깨끗하고·냄새가 없고·마실 때 목이 상하는 일이 없고·마시고 나서 배탈 나는 일이 없는 것이라 하였다.

〈6〉 갖가지 연꽃에서 온갖 형상을 나타내다

우 부 견 피 우 발 라 화　　파 두 마 화　　구 물 두 화
又復見彼優鉢羅華와　波頭摩華와　拘物頭華와

분 타 리 화　각 각 생 어 무 량 제 화　　혹 대 일 수
芬陀利華가　各各生於無量諸華호대　或大一手하며

혹 장 일 주　　혹 부 종 광　　유 여 거 륜　　일 일 화 중
或長一肘하며　或復縱廣이　猶如車輪하야　一一華中

　　개 실 시 현 종 종 색 상　　이 위 엄 식
에　皆悉示現種種色像으로　以爲嚴節하니

또 보니, 저 푸른 연꽃과 붉은 연꽃과 누른 연꽃과 흰 연꽃에서는 각각 한량없는 여러 꽃을 내는데, 혹 큰 손바닥만 하고, 혹 팔뚝같이 길고, 혹 가로 세로가 마치 수레바퀴 같기도 하여 낱낱 꽃마다 다 가지가지 빛깔과 형상을 나타내어 장엄하였습니다.

所謂男色像과 女色像과 童男色像과 童女色像
소위남색상　여색상　동남색상　동녀색상

과 釋梵과 護世와 天龍과 夜叉와 乾闥婆와 阿修羅
석범　호세　천룡　야차　건달바　아수라

와 迦樓羅와 緊那羅와 摩睺羅伽와 聲聞緣覺과 及
가루라　긴나라　마후라가　성문연각　급

諸菩薩의 如是一切衆生色像이 皆悉合掌하고 曲
제보살　여시일체중생색상　개실합장　곡

躬禮敬하며
궁예경

이른바 남자의 형상과 여자의 형상과 동남의 형상과 동녀의 형상과 제석과 범천과 사천왕과 천신과 용과 야차와 건달바와 아수라와 가루라와 긴나라와 마후라가와

성문과 연각과 보살과 같은 이와 같은 모든 중생의 형
상들이 다 모두 합장하고 허리를 굽혀 경례하였습니다.

역 견 여 래　　결 가 부 좌　　삼 십 이 상　　　장 엄
亦見如來가 **結跏趺坐**하사 **三十二相**으로 **莊嚴**

기 신
其身하니라

또 여래께서 가부좌하고 앉았는데 서른두 가지의 거
룩한 모습으로 그 몸을 장엄한 것을 보았습니다.

〈7〉 유리 땅에서 갖가지 형상을 나타내다

우 부 견 피 정 유 리 지 일 일 보 간　　현 부 사 의 종
又復見彼淨瑠璃地一一步間에 **現不思議種**

종 색 상　　　소 위 세 계 색 상　　　보 살 색 상　　　여 래 색
種色像하니 **所謂世界色像**과 **菩薩色像**과 **如來色**

상　　급 제 누 각 장 엄 색 상
像과 **及諸樓閣莊嚴色像**이니라

또 보니, 저 깨끗한 유리로 된 땅에서는 한 걸음 한

걸음 사이사이마다 부사의한 갖가지 형상을 나타내니,
이른바 세계 형상과 보살 형상과 여래 형상과 온갖 누
각으로 장엄한 형상이었습니다.

〈8〉 보배 나무의 반신상半身像들

우어 보 수 지 엽 화 과 일 일 사 중　　실 견 종 종 반
又於寶樹枝葉華果一一事中에 悉見種種半

신 색 상　　소 위 불 반 신 색 상　　보 살 반 신 색 상
身色像하니 所謂佛半身色像과 菩薩半身色像과

천 룡 야 차　　내 지 호 세　　전 륜 성 왕　　소 왕 왕 자
天龍夜叉와 乃至護世와 轉輪聖王과 小王王子와

대 신 관 장　　급 이 사 중　　반 신 색 상
大臣官長과 及以四衆의 半身色像이라

또 보배 나무에서는 가지와 잎과 꽃과 열매마다 다
갖가지 반신상半身像을 보게 되니, 이른바 부처님 반신상
과 보살 반신상과 천신, 용, 야차와 내지 사천왕과 전륜
왕과 작은 왕과 왕자와 대신과 관장官長과 그리고 사대
부중의 반신상이었습니다.

기 제 색 상　혹 집 화 만　혹 집 영 락　혹 지 일
其諸色像이 或執華鬘하며 或執瓔珞하며 或持一

체 제 장 엄 구　혹 유 곡 궁　합 장 예 경　일 심
切諸莊嚴具하며 或有曲躬하야 合掌禮敬하고 一心

첨 앙　목 부 잠 사　혹 유 찬 탄　혹 입 삼 매
瞻仰하야 目不暫捨하며 或有讚歎하며 或入三昧하며

그 모든 반시상은 혹 화만을 들고, 혹 영락을 들고,
혹 일체 모든 장엄거리를 들기도 하였으며, 혹 어떤 것
은 허리를 굽혀 합장하고 예경하며, 일심으로 우러러보
면서 한눈을 팔지 않고, 혹 찬탄하고, 혹 삼매에 들기도
하였습니다.

기 신　실 이 상 호 장 엄　보 방 종 종 제 색 광 명
其身이 悉以相好莊嚴하야 普放種種諸色光明

소 위 금 색 광 명　은 색 광 명　산 호 색 광 명
하니 所謂金色光明과 銀色光明과 珊瑚色光明과

도 사 라 색 광 명　제 청 색 광 명　비 로 자 나 보 색 광
兜沙羅色光明과 帝青色光明과 毘盧遮那寶色光

명　　일체중보색광명　　담파가화색광명
明과 一切衆寶色光明과 膽波迦華色光明이니라

　그 몸은 모두 거룩한 모습으로 장엄하였고, 여러 가
지 빛 광명을 놓으니, 이른바 금빛 광명과 은빛 광명과
산호빛 광명과 도사라빛 광명과 제청帝靑빛 광명과 비로
자나보배빛 광명과 모든 보배 빛 광명과 담파가꽃빛 광
명이었습니다.

〈9〉 누각의 반월 형상에서 광명을 놓다

　우 견 제 누 각 반 월 상 중　　출 아 승 지 일 월 성 수 종
又見諸樓閣半月像中에 出阿僧祇日月星宿種

종 광 명　　보 조 시 방
種光明하야 普照十方하니라

　또 여러 누각의 반월半月 형상에서 아승지 일월성신日
月星辰 가지가지 광명을 내어 시방을 두루 비추는 것을
보았습니다.

〈10〉 미륵보살의 옛적 수행을 보다

우 견 제 누 각　주 회 사 벽 일 일 보 내　일 체 중 보
又見諸樓閣이 周廻四壁一一步內에 一切衆寶

이 위 장 엄　　일 일 보 중　개 현 미 륵　낭 겁 수
로 以爲莊嚴이어든 一一寶中에 皆現彌勒이 曩劫修

행 보 살 도 시
行菩薩道時에

　또 여러 누각의 사방을 둘러싼 벽에는 한 걸음 한 걸
음마다 모든 보배로 장엄하였고, 낱낱 보배에서는 미륵
보살이 지난 옛적에 보살의 도를 수행하던 때의 일을
다 나타내는 것을 보았습니다.

혹 시 두 목　혹 시 수 족　순 설 아 치　이 비 혈
或施頭目하며 或施手足과 脣舌牙齒와 耳鼻血

육　피 부 골 수　내 지 조 발　여 시 일 체　실 개
肉과 皮膚骨髓와 乃至爪髮하야 如是一切를 悉皆

능 사　처 첩 남 녀　성 읍 취 락　국 토 왕 위　수
能捨하며 妻妾男女와 城邑聚落과 國土王位를 隨

기 소 수　진 개 시 여
其所須하야 盡皆施與하며

혹 머리와 눈을 보시하고, 혹은 손과 발과 입술과 혀와 어금니와 치아와 귀와 코와 피와 살과 가죽과 뼈와 골수도 보시하고, 내지 손톱과 머리카락 등 이와 같은 일체를 다 보시하고, 아내와 첩과 아들과 딸과 도성과 마을과 국토와 임금의 지위를 달라는 대로 다 베풀어 주기도 하였습니다.

처 뇌 옥 자   영 득 출 리   피 계 박 자   사 기 해
處牢獄者는 **令得出離**하며 **被繫縛者**는 **使其解**

탈   유 질 병 자   위 기 구 료   입 사 경 자   시 기
脫하며 **有疾病者**는 **爲其救療**하며 **入邪徑者**는 **示其**

정 도
正道하며

옥에 갇힌 이는 나오게 하고, 결박된 이는 풀리게 하고, 병난 이는 치료하여 주고, 길을 잘못 든 이에게는 바른 길을 가르쳐 주었습니다.

혹 위 선 사　　영 도 대 해　　혹 위 마 왕　　구 호
或爲船師하야 **令度大海**하며 **或爲馬王**하야 **救護**

악 난　　혹 위 대 선　　선 설 제 론　　혹 위 윤 왕
惡難하며 **或爲大仙**하야 **善說諸論**하며 **或爲輪王**하야

권 수 십 선
勸修十善하며

혹은 뱃사공이 되어 큰 바다를 건네주고, 혹은 말이
되어 어려운 일을 구호하여 주며, 혹은 큰 신선이 되어
경론을 잘 설하고, 혹은 전륜왕이 되어 열 가지 착한 일
닦기를 권하였습니다.

혹 위 의 왕　　선 료 중 병　　혹 효 순 부 모　　혹
或爲醫王하며 **善療衆病**하며 **或孝順父母**하며 **或**

친 근 선 우　　혹 작 성 문　　혹 작 연 각　　혹 작 보
親近善友하며 **或作聲聞**하며 **或作緣覺**하며 **或作菩**

살　　혹 작 여 래　　교 화 조 복 일 체 중 생
薩하며 **或作如來**하야 **敎化調伏一切衆生**하며

혹은 의사가 되어 온갖 병을 잘 치료하고, 혹은 부모
에게 효도하고, 혹은 선지식을 친근하고, 혹은 성문도

되고, 혹은 연각도 되고, 혹은 보살도 되고, 혹은 여래
도 되어 모든 중생을 교화하고 조복하였습니다.

혹위법사　　봉행불교　　수지독송　　여리
或爲法師하야 **奉行佛教**하야 **受持讀誦**하야 **如理**

사유　　　입불지제　　작불형상　　약자공양
思惟하며 **立佛支提**하고 **作佛形像**하야 **若自供養**이어나

약권어타　　도향산화　　공경예배　　여시등사
若勸於他에 **塗香散華**로 **恭敬禮拜**한 **如是等事**가

상속부절
相續不絶하며

　　혹은 법사가 되어 부처님 교법을 받들어 행하고, 받
아 가지고, 읽고 외고, 이치를 생각하며, 부처님 탑[支提]
을 세우고, 부처님 형상을 조성하여 스스로도 공양하
고, 다른 이를 시켜서 향을 바르고, 꽃을 흩고, 공경하
고 예배하게 하는 이와 같은 등의 일들이 계속하여 끊
어지지 아니하였습니다.

혹 견 좌 어 사 자 지 좌　　광 연 설 법　　권 제 중
或見坐於獅子之座하사 廣演說法하사 勸諸衆

생　　안 주 십 선　　일 심 귀 향 불 법 승 보　　수 지
生하야 安住十善하야 一心歸向佛法僧寶하며 受持

오 계　　급 팔 재 계　　출 가 청 법　　수 지 독 송
五戒와 及八齋戒하고 出家聽法하야 受持讀誦하야

여 리 수 행
如理修行하며

혹은 사자좌에 앉아 널리 법을 연설하며, 모든 중생
을 권하여 열 가지 착한 일에 머물게 하고, 한결같은 마
음으로 불법승 삼보에 귀의하여 다섯 가지 계율과 여덟
가지 재계를 받아 지니게 하며, 출가하여 법문을 듣고
는 받아 지니고 읽고 외며 이치대로 수행함을 보았습
니다.

내 지 견 어 미 륵 보 살　　백 천 억 나 유 타 아 승 지
乃至見於彌勒菩薩이 百千億那由他阿僧祇

겁　　수 행 제 도　　일 체 색 상
劫에 修行諸度한 一切色像하며

내지 미륵보살이 백천억 나유타 아승지 겁 동안에
모든 바라밀다를 수행하는 여러 가지 모양을 보기도 하
였습니다.

우견미륵　증소승사제선지식　실이일체
又見彌勒의 **曾所承事諸善知識**이 **悉以一切**

공덕장엄　역견미륵　재피일일선지식소
功德莊嚴하며 **亦見彌勒**이 **在彼一一善知識所**하사

친근공양　수행기교
親近供養하야 **受行其敎**하며

또 미륵보살이 예전에 섬기던 선지식들이 모든 공덕
으로 장엄함을 보았으며, 또 미륵보살이 저 여러 선지
식을 친근하여 공양하며 그의 가르침을 받아 행하며,

내지주어관정지지　시제지식　고선재언
乃至住於灌頂之地러니 **時諸知識**이 **告善財言**

선래동자　여관차보살　부사의사　막
하사대 **善來童子**여 **汝觀此菩薩**의 **不思議事**하고 **莫**

생 피 염
生疲厭하라하니라

내지 정수리에 물 붓는 지위에 머물러 있거든, 그때 모든 선지식들이 선재동자에게 말하기를, '잘 왔습니다, 동자여. 그대는 이 보살의 부사의한 일을 보고 고달픈 마음을 내지 마십시오.'라고 하는 것을 보았습니다.

선재동자는 미륵누각에 들어가서 누각의 여러 장엄구에서 온갖 작용으로 미륵보살의 오랜 수행의 일들을 다 나타내고 있음을 보았다. 법문을 연설하는 것으로부터 옛적에 가지가지로 수행하시고, 지위에 오르고, 찬탄을 받는 것까지의 내력을 다 보았음을 밝혔다. 마치 돌 하나, 흙 한 줌에서 수십억 년의 지구 역사를 다 나타내고 또 그것을 자세히 다 알아보는 일과도 같다.

미륵보살이 손가락을 튕기어 비로자나장엄장 큰 누각의 문을 열자 선재동자가 그 누각에 들어가게 되었는데 그것은 곧 큰 삼매에 깊이 들어가서 미륵보살의 모든 수행 공덕을 다 보고 다 듣고 다 알았다는 뜻이다. 삼매의 힘은 이와 같으므로 불교는 언제나 삼매를 존중하고 일체 수행의 근본으로 삼는 것이다. 삼매는 선정이고, 모든 것을 다 보고, 다 듣고, 다 아는 지혜이다.

〈11〉 누각의 장엄에서 본 모습을 모두 나타내다

이 시   선 재 동 자   득 불 망 실 억 념 력 고   득 견
爾時에 **善財童子**가 **得不忘失憶念力故**며 **得見**

시 방 청 정 안 고   득 선 관 찰 무 애 지 고   득 제 보 살
十方淸淨眼故며 **得善觀察無礙智故**며 **得諸菩薩**

자 재 지 고   득 제 보 살   이 입 지 지 광 대 해 고
의 **自在智故**며 **得諸菩薩**의 **已入智地廣大解故**로

어 일 체 누 각 일 일 물 중   실 견 여 시   급 여 무 량
於一切樓閣一一物中에 **悉見如是**와 **及餘無量**

불 가 사 의 자 재 경 계   제 장 엄 사
不可思議自在境界와 **諸莊嚴事**하니라

그때에 선재동자는 잊지 않는 기억력을 얻은 연고며, 시방을 보는 청정한 눈을 얻은 연고며, 잘 관찰하는 걸림 없는 지혜를 얻은 연고며, 보살들의 자재한 지혜를 얻은 연고며, 보살들이 지혜의 지위에 들어간 광대

한 지혜를 얻은 연고로, 여러 누각의 낱낱 물건 속에서
이와 같은 것과 그리고 한량없고 불가사의하고 자재한
경계와 여러 가지 장엄한 일을 보았습니다.

〈12〉 비유로써 다시 나타내다

비여유인 어수몽중 견종종물 소위성
譬如有人이 **於睡夢中**에 **見種種物**하나니 **所謂城**

읍취락 궁전원원 산림하지 의복음식 내
邑聚落과 **宮殿園苑**과 **山林河池**와 **衣服飮食**과 **乃**

지일체자생지구
至一切資生之具며

비유하면 마치 사람이 꿈을 꾸면서 여러 가지 물건
을 보는 것과 같나니, 이른바 도시나 마을이나 궁전이
나 공원이나 산이나 숲이나 강이나 연못이나 의복이나
음식이나 내지 일체 살림하는 기구를 보기도 하고,

혹견자신 부모형제 내외친속
或見自身의 **父母兄弟**와 **內外親屬**하며

혹은 자신의 몸과 부모와 형제와 안팎의 친척을 보기도 하고,

혹견대해수미산왕　내지일체제천궁전　염
或見大海須彌山王과 乃至一切諸天宮殿과 閻

부제등사천하사
浮提等四天下事하며

혹은 큰 바다와 수미산과 내지 일체 모든 하늘의 궁전과 염부제의 사천하 일을 보기도 하고,

혹견기신　형량광대　백천유순　방사의
或見其身의 形量廣大가 百千由旬이어든 房舍衣

복　실개상칭　위어주일　경무량시　불면
服이 悉皆相稱하고 謂於晝日에 經無量時토록 不眠

불침　수제안락　종수교이　내지시몽
不寢하야 受諸安樂이라가 從睡覺已하고사 乃知是夢

이능명기소견지사
하고 而能明記所見之事인달하야

혹은 그 몸의 키가 커서 백천 유순이 되는 것을 보기도 하거든, 집과 의복이 모두 알맞고, 낮에는 오랜 세월을 지내면서 눕지도 않고 자지도 않고 안락함을 느끼다가 깨어나서는 꿈인 줄 알지마는 능히 보던 일을 분명하게 기억합니다.

미륵보살이 손가락을 튕기어 미륵누각의 문이 열리고 선재동자는 비로소 그 누각에 들어가서 미륵보살의 모든 역사를 다 보고, 다 듣고, 다 알았다. 이것은 곧 삼매에 들어가서 모든 것을 다 보고, 다 듣고, 다 안 것으로서 마치 꿈속의 일과 같음을 비유하여 밝혔다.

선재동자 역부여시 이미륵보살 역소
善財童子도 亦復如是하야 以彌勒菩薩의 力所

지고 지삼계법 개여몽고 멸제중생 협렬
持故며 知三界法이 皆如夢故며 滅諸衆生의 狹劣

상고 득무장애광대해고 주제보살 승경계
想故며 得無障礙廣大解故며 住諸菩薩의 勝境界

고　입　부　사　의　방　편　지　고　　능　견　여　시　자　재　경　계
故며 入不思議方便智故로 能見如是自在境界니라

선재동자도 그와 같아서 미륵보살의 힘으로 가피한
연고며, 세 세계의 법이 모두 꿈과 같음을 아는 연고며,
모든 중생들의 좁고 용렬한 생각을 없애는 연고며, 장
애 없이 광대한 지혜를 얻은 연고며, 모든 보살들의 수
승한 경지에 머문 연고며, 부사의한 방편 지혜에 들어
간 연고로 능히 이와 같이 자유자재한 경계를 봅니다.

진정한 선정의 힘과 진정한 삼매의 힘이란 이와 같이 성
성惺惺하고 적적寂寂하며 적적하고 성성하여 모든 공간과 모
든 시간을 남김없이 다 살피어 알며, 모든 공간 모든 시간
안에서 일어나는 모든 존재의 모든 사건을 또한 남김없이
다 아는 일이다.

비　여　유　인　　장　욕　명　종　　견　수　기　업　소　수　보　상
譬如有人이 將欲命終에 見隨其業所受報相호대

행악업자 　견어지옥축생아귀　 소유일체중고
行惡業者는 見於地獄畜生餓鬼의 所有一切衆苦

경계
境界하며

비유하면 마치 사람이 목숨을 마치려 할 적에는 지은 업을 따라서 과보 받을 것을 보나니, 나쁜 업을 지은 이는 지옥, 축생, 아귀들이 받는 모든 괴로운 경계를 보고,

혹견옥졸　 수지병장　　혹진혹매　　수집
或見獄卒이 手持兵仗하고 或瞋或罵하야 囚執

장거　　 역문호규비탄지성
將去하며 亦聞號叫悲歎之聲하며

혹은 옥졸이 손에 병장기를 들고 성내고 꾸짖고 가두고 잡아가는 것을 보기도 하고, 또한 부르짖고 슬피 탄식하는 소리를 듣기도 하고,

혹견회하　　혹견확탕　　혹견도산　　혹견
或見灰河하며 **或見鑊湯**하며 **或見刀山**하며 **或見**

검수　　종종핍박　　수제고뇌
劍樹하야 **種種逼迫**으로 **受諸苦惱**하나라

혹은 잿물 강을 보기도 하고, 혹은 끓는 가마를 보기
도 하고, 혹은 칼산을 보기도 하고, 혹은 검으로 된 나
무를 보기도 하여 여러 가지 핍박으로 갖은 고통을 받
습니다.

작선업자　　즉견일체제천궁전　　무량천중
作善業者는 **卽見一切諸天宮殿**과 **無量天衆**과

천제채녀　　종종의복　　구족장엄　　궁전원림
天諸婇女와 **種種衣服**과 **具足莊嚴**과 **宮殿園林**이

진개묘호　　　신수미사　　이유업력　　견여시
盡皆妙好하나니 **身雖未死**나 **而由業力**하야 **見如是**

사
事인달하야

착한 업을 지은 이는 일체 모든 하늘의 궁전과 한량
없는 하늘 대중과 하늘의 채녀들이 갖가지 의복으로 구

족하게 장엄한 것과 궁전과 동산과 숲이 모두 아름답고
묘한 것을 보나니, 몸은 비록 아직 죽지는 않았으나 업
의 힘을 말미암아 이런 일을 봅니다.

선 재 동 자   역 부 여 시   이 보 살 업 부 사 의 력
善財童子도 **亦復如是**하야 **以菩薩業不思議力**

득 견 일 체 장 엄 경 계
으로 **得見一切莊嚴境界**니라

선재동자도 또한 그와 같아서 보살업의 부사의한 힘
으로 모든 장엄한 경계를 보게 됩니다.

비유를 들기를, 악한 업을 지은 사람의 경우와 선한 업을
지은 사람의 경우를 들어서 목숨을 마치려 할 때에 각자가
지는 업대로 미리 가게 되는 곳을 보듯이 선재동자도 보살
의 불가사의한 힘으로 모든 장엄한 경계를 다 보게 됨을
밝혔다.

비여유인　위귀소지　견종종사　수기소
譬如有人이 爲鬼所持에 見種種事하고 隨其所

문　　실개능답　　선재동자　역부여시
問하야 悉皆能答인달하야 善財童子도 亦復如是하야

보살지혜지소지고　견피일체제장엄사　　약
菩薩智慧之所持故로 見彼一切諸莊嚴事하고 若

유문자　미불능답
有問者면 靡不能答이니라

　비유하면 마치 사람이 귀신에게 지피면 여러 가지
일을 보기도 하고 묻는 대로 대답하나니, 선재동자도
또한 그와 같아서 보살의 지혜로 가지加持하였으므로 저
일체 모든 장엄한 일을 보기도 하고, 만약 묻는 이가 있
으면 모두 능히 대답합니다.

　비여유인　위용소지　자위시용　　입어용
譬如有人이 爲龍所持에 自謂是龍하야 入於龍

궁　　어소시간　자위이경일월연재　　선
宮하야 於少時間에 自謂已經日月年載인달하야 善

재동자 역부여시 이주보살 지혜상고
財童子도 亦復如是하야 以住菩薩의 智慧想故며

미륵보살 소가지고 어소시간 위무량겁
彌勒菩薩의 所加持故로 於少時間에 謂無量劫이니라

비유하면 마치 사람이 용에게 지피면 스스로 용이로다 하며, 용궁에 들어가서 잠깐 동안에 스스로 며칠, 몇 달, 몇 해가 지난 줄 아니, 선재동자도 또한 그와 같아서 보살의 지혜에 머물렀다는 생각과 미륵보살의 가지한 바로 잠깐 동안에 한량없는 겁을 지냈다 합니다.

비여범궁 명장엄장 어중 실견삼천세
譬如梵宮이 名莊嚴藏이니 於中에 悉見三千世

계 일체제물 불상잡란 선재동자 역
界호대 一切諸物이 不相雜亂인달하야 善財童子도 亦

부여시 어누관중 보견일체장엄경계 종
復如是하야 於樓觀中에 普見一切莊嚴境界호대 種

종차별 불상잡란
種差別이 不相雜亂이니라

비유하면 마치 범천 궁전의 이름을 장엄장莊嚴藏이라

부르거든 그 속에서는 삼천세계의 모든 물건을 다 보되 서로 잡란하지 않나니, 선재동자도 또한 그와 같아서 이 누각에서 여러 가지 장엄한 경계를 두루 보되 갖가지로 차별함이 서로 잡란하지 아니합니다.

비여비구 입변처정 약행약주 약좌약와
譬如比丘가 入偏處定에 若行若住와 若坐若臥

수소입정 경계현전 선재동자 역부
에 隨所入定하야 境界現前인달하야 善財童子도 亦復

여시 입어누관 일체경계 실개명료
如是하야 入於樓觀하야 一切境界를 悉皆明了니라

비유하면 마치 비구가 온갖 곳에 두루 하는 선정[偏處定]에 들어가면 가거나 서거나 앉거나 눕거나 들어가는 선정을 따라 경계가 앞에 나타나나니, 선재동자도 또한 그와 같아서 누각에 들어가면 모든 경계를 다 분명히 압니다.

비여유인　　어허공중　　견건달바성　　구족장
譬如有人이 **於虛空中**에 **見乾闥婆城**의 **具足莊**

엄　　　　실분별지　　　무유장애
嚴하고 **悉分別知**하야 **無有障礙**하며

비유하면 마치 사람이 공중의 건달바성을 보면 갖가지 장엄을 모두 분별하여 알고 걸림이 없는 것과 같으며,

비여야차궁전　　여인궁전　　동재일처　　　이
譬如夜叉宮殿이 **與人宮殿**으로 **同在一處**호대 **而**

불상잡　　각수기업　　소견부동
不相雜하야 **各隨其業**하야 **所見不同**하며

비유하면 야차의 궁전이 인간의 궁전과 한 곳에 함께 있어도 서로 섞이지 않고, 제각기 업을 따라 보는 것이 같지 않은 것과 같으며,

비여대해　　어중　　실견삼천세계일체색상
譬如大海가 **於中**에 **悉見三千世界一切色像**하며

비유하면 바닷속에서 삼천세계의 모든 빛깔과 형상

을 모두 보는 것과 같으며,

비여환사　이환력고　현제환사　　종종작
譬如幻師가 以幻力故로 現諸幻事하야 種種作
업
業인달하야

비유하면 마치 요술쟁이가 환술의 힘으로 모든 환술
의 일을 나타내어 가지가지 업을 짓는 것과 같습니다.

선재동자　　역부여시　　이미륵보살　　위신
善財童子도 亦復如是하야 以彌勒菩薩의 威神

력고　급부사의환지력고　능이환지　지제법
力故며 及不思議幻智力故며 能以幻智로 知諸法

고　득제보살　자재력고　견누각중일체장엄
故며 得諸菩薩의 自在力故로 見樓閣中一切莊嚴

자재경계
自在境界니라

선재동자도 또한 그와 같아서 미륵보살의 위신의 힘

인 연고와, 부사의한 환술 같은 지혜의 힘인 연고와, 환술 같은 지혜로 모든 법을 아는 연고와, 모든 보살들의 자재한 힘을 얻은 연고로 이 누각 속에서 여러 가지 장엄과 자재한 경계를 보는 것입니다.

선재동자가 미륵누각이라는 삼매 속에서 온갖 것을 다 보고, 다 듣고, 다 아는 것을 여러 가지 비유를 들어서 밝혔다. 이것은 모두가 미륵보살의 위신의 힘과 불가사의한 환술 같은 지혜의 힘으로 이루어진 것임을 거듭 밝혔다.

(4) 미륵보살이 선재동자를 삼매에서 일으키다

이 시 미륵보살마하살 즉섭신력 입누
爾時에 彌勒菩薩摩訶薩이 卽攝神力하시고 入樓

각 중 탄 지 작 성 고 선 재 언
閣中하사 彈指作聲하야 告善財言하사대

그때에 미륵보살마하살이 곧 신통한 힘을 거두시고, 누각으로 들어가 손가락을 퉁겨서 소리를 내고 선재동자에게 말하였습니다.

선남자 기　　 법성　 여시　　 차시보살　 지
善男子야 **起**하라 **法性**이 **如是**하니 **此是菩薩**의 **知**

제법지　 인연취집소현지상　　 여시자성　 여
諸法智의 **因緣聚集所現之相**이라 **如是自性**이 **如**

환여몽　 여영여상　　 실불성취
幻如夢하며 **如影如像**하야 **悉不成就**니라

"선남자여, 일어나십시오. 법의 성품이 이와 같으니
이는 보살의 모든 법을 아는 지혜의 인연이 모여서 나
타나는 현상입니다. 이와 같은 자체 성품이 환술과 같
고, 꿈과 같고, 그림자와 같고, 영상과 같아서 모두 성
취하지 못합니다."

미륵보살이 손가락을 튕기어 소리를 내어 선재동자에게
삼매에서 일어나라고 하면서 모든 법의 성품은 이와 같다고
하였다. 즉 위에서 삼매에 들어서 보게 된 모든 법은 보살의
모든 법을 아는 지혜의 인연이 모여서 나타나는 현상이라고
하였다. 그리고 법의 자성은 환술과 같고, 꿈과 같고, 그림
자와 같고, 영상과 같아서 모두 실재하는 것이 아니라는 것
을 밝혔다. 무엇인들 실재하는 것이 있으며 무엇인들 실재하

지 않는 것이 있겠는가. 일체가 실재하지 않은 가운데 실재하며, 실재하는 가운데 실재하지 않는다. 모두가 중도의 이치대로 존재하기 때문이다.

이 시　　선 재　　문 탄 지 성　　종 삼 매 기　　미 륵
爾時에 **善財**가 **聞彈指聲**하고 **從三昧起**어늘 **彌勒**

고 언
이 **告言**하사대

　그때에 선재동자가 손가락 퉁기는 소리를 듣고 삼매에서 일어나고, 미륵보살이 말하였습니다.

　미륵보살이 손가락을 퉁기어 선재동자로 하여금 삼매에서 일어나게 하였다는 것은 79권 서두에 미륵보살이 손가락을 퉁기어 비로자나장엄장 큰 누각의 문을 열고 선재동자를 그 누각에 들어가게 한 것이 곧 삼매에 들어간 것이 되므로 여기에서 비로소 삼매에서 일어난 것이다.

선남자　여주보살　불가사의자재해탈
善男子야 **汝住菩薩**의 **不可思議自在解脫**하야

수제보살　삼매희락　능견보살　신력소지
受諸菩薩의 **三昧喜樂**하야 **能見菩薩**의 **神力所持**와

조도소류　원지소현　종종상묘장엄궁전
助道所流와 **願智所現**인 **種種上妙莊嚴宮殿**하며

견보살행　문보살법　지보살덕　요여래
見菩薩行하며 **聞菩薩法**하며 **知菩薩德**하며 **了如來**

원
願인가

"선남자여, 그대가 보살의 불가사의하게 자재한 해탈에 머물러 모든 보살들의 삼매의 기쁨을 받았으므로 능히 보살의 신통한 힘으로 가지加持함과 도를 돕는 데서 흘러나옴과 원과 지혜로 나타난 가지가지 훌륭하게 장엄한 궁전을 보았으며, 보살의 행을 보고, 보살의 법을 듣고, 보살의 덕을 알고, 여래의 원願을 마치었습니다."

미륵보살은 선재동자가 삼매에서 본 여러 가지 현상을 어떻게 해서 볼 수 있었는가를 설명하여 밝혔다.

선재　　백언　　　유연성자　　시선지식　　가피
善財가 **白言**호대 **唯然聖者**여 **是善知識**의 **加被**

억념위신지력
憶念威神之力이니이다

선재동자가 말하였습니다. "그렇습니다, 거룩하신
이여. 이는 선지식이 가피하고 생각하여 주신 위신력입
니다."

(5) 불망념지장엄장不忘念智莊嚴藏 해탈문

성자　　차해탈문　　기명하등　　　　　미륵　　고
聖者여 **此解脫門**이 **其名何等**이니잇고 **彌勒**이 **告**

언　　　선남자　　차해탈문　　명입삼세일체경계
言하사대 **善男子**야 **此解脫門**이 **名入三世一切境界**

불망념지장엄장
不忘念智莊嚴藏이니라

"거룩하신 이여, 이 해탈문은 그 이름이 무엇입니
까?"미륵보살이 말하였습니다. "선남자여, 이 해탈문
은 이름이 '세 세상의 일체 경계에 들어가서 잊지 않고
기억하는 지혜로 장엄한 창고[入三世一切境界不忘念智莊嚴藏]'

입니다.”

선남자   차 해탈 문 중   유 불 가 설 불 가 설 해 탈
善男子야 **此解脫門中**에 **有不可說不可說解脫**

문   일 생 보 살 지 소 능 득
門하니 **一生菩薩之所能得**이니라

“선남자여, 이 해탈문 가운데 말할 수 없이 말할 수
없는 해탈문이 있으니, 일생보처 보살이라야 능히 얻을
수 있습니다.”

미륵보살이 증득한 해탈문은 ‘세 세상의 일체 경계에 들
어가서 잊지 않고 기억하는 지혜로 장엄한 창고[入三世一切境界
不忘念智莊嚴藏]’이다. 그러나 흔히 ‘불망념지장엄장不忘念智莊嚴藏
해탈문’이라고 부른다. 이 해탈문은 또 그 안에 말할 수 없
이 말할 수 없는 해탈문이 있다. 그래서 이 해탈문은 모든 보
살행이 충만하여 보살의 마지막 단계인 일생보처一生補處 보
살이라야 능히 얻을 수 있고 다른 보살은 이를 수 없는 경지
이다.

(6) 장엄의 근원을 밝히다

善財가 問言호대 此莊嚴事가 何處去耶니잇고 彌

勒이 答言하사대 於來處去니라 曰從何處來니잇고 曰

從菩薩智慧神力中來며 依菩薩智慧神力而住나

無有去處하며 亦無住處하야 非集非常이라 遠離一

切니라

선재동자가 물었습니다. "이 장엄의 일이 어느 곳으로 갔습니까?" 미륵보살이 대답하였습니다. "왔던 곳으로 갔습니다." "어느 곳에서 왔었습니까?" "보살 지혜의 신통한 힘으로부터 와서 보살 지혜의 신통한 힘을 의지하여 머물지만, 간 곳도 없고 또한 머문 곳도 없고, 모인 것도 아니고 항상한 것도 아니어서 모든 것을 멀리 여의었습니다."

미륵보살이 얻은 해탈문은 불망념지장엄장不忘念智莊嚴藏

해탈문이다. 선재동자는 삼매에 들어서 그 불가사의한 장엄을 모두 보고, 모두 듣고, 모두 알았다. 그런데 삼매에서 깨어나니 그 모든 장엄의 일들이 사라졌다. 그래서 미륵보살에게 그 장엄이 간 곳을 묻게 된 것이다. 즉 장엄의 근원을 밝히는 문답이다.

그 장엄은 모두 왔던 곳으로 갔는데 그 왔던 곳이란 "보살 지혜의 신통한 힘으로부터 와서 보살 지혜의 신통한 힘을 의지하여 머물지만, 간 곳도 없고 또한 머문 곳도 없고, 모인 것도 아니고 항상한 것도 아니어서 모든 것을 멀리 여의었다."고 하였다.

선남자 여용왕 강우 부종신출 부종
善男子야 如龍王이 降雨에 不從身出하며 不從

심출 무유적집 이비불견 단이용왕
心出하야 無有積集이로대 而非不見이라 但以龍王의

심염력고 패연홍주 주변천하 여시경
心念力故로 霈然洪霍하야 周徧天下하나니 如是境

계　　불가사의
界가 **不可思議**인달하야

"선남자여, 용왕이 비를 내리는 것이 몸에서 나오는 것도 아니고, 마음에서 나오는 것도 아니며, 모으는 일도 없지마는 보지 못하는 것도 아니니, 다만 용왕의 마음에 생각하는 힘으로 비가 줄줄 크게 내려서 천하에 두루 하는 것이며, 이와 같은 경계는 불가사의합니다."

　　선남자　　피장엄사　　역부여시　　부주어내
善男子야 **彼莊嚴事**도 **亦復如是**하야 **不住於內**

　　역부주외　　이비불견　　단유보살위신지
하며 **亦不住外**로대 **而非不見**이니 **但由菩薩威神之**

력　　여선근력　　견여시사
力과 **汝善根力**하야 **見如是事**니라

"선남자여, 저 장엄의 일도 또한 그와 같아서 안에 머무는 것도 아니고 또한 밖에 머무는 것도 아니지마는 보지 못하는 것이 아니니, 다만 보살의 위신력과 그대의 선근의 힘으로 이와 같은 일을 보는 것입니다.”

간 곳도 없고 또한 머문 곳도 없고, 모인 것도 아니고 항
상한 것도 아닌 미륵보살의 장엄을 비가 내리는 비유를 들
어 밝혔다. 비가 내리는 까닭으로 지금 사람들은 이 우주의
75퍼센트나 되는 수분의 성분이 기온의 변화에 따라 비가 되
기도 하고 눈이 되기도 하고 구름이 되기도 한다고 알고 있
지만 경전에서는 그 모든 원리를 용왕의 일이라고 표현하였
다. 비가 어떤 원리로 내리든 실로 불가사의한 일이다. 이 미
륵보살의 장엄은 다만 미륵보살의 위신력과 선재동자의 선
근의 힘으로 이와 같은 일을 보는 것이라고 하였다.

선 남 자　　비 여 환 사　　작 제 환 사　　무 소 종 래
善男子야　譬如幻師가　作諸幻事에　無所從來며

무 소 지 거　　수 무 래 거　　이 환 력 고　　분 명 가 견
無所至去라　雖無來去나　以幻力故로　分明可見인

달하야

“선남자여, 비유하면 마치 요술쟁이가 여러 가지 환

술을 만들 적에 오는 데도 없고 가는 데도 없어서 비록
오고 가는 일이 없지마는 요술의 힘으로 분명하게 보는
것입니다."

彼莊嚴事도 亦復如是하야 無所從來며 亦無所
去라 雖無來去나 然以慣習不可思議幻智力故며
及由往昔大願力故로 如是顯現이니라

"저 장엄의 일도 또한 그와 같아서 오는 데도 없고
또한 가는 데도 없어서 비록 오고 가는 일이 없지마는
그러나 익숙하게 닦은 불가사의한 환술 같은 지혜의 힘
과 지난 옛적에 세운 큰 서원의 힘으로 이와 같이 나타
납니다."

미륵보살의 장엄을 또 요술쟁이가 여러 가지 환술을 만
드는 일에 비유하였다. 환술로 나타난 일은 오는 데도 없고

또한 가는 데도 없다. 장엄의 일은 비록 오고 가는 일이 없지마는 그러나 익숙하게 닦은 불가사의한 환술 같은 지혜의 힘과 지난 옛적에 세운 큰 서원의 힘으로 그와 같은 장엄이 나타난 것이라고 하였다.

(7) 보살의 가고 오는 근원을 밝히다

善財童子가 言호대 大聖은 從何處來니잇고 彌勒이

言하사대 善男子야 諸菩薩이 無來無去라 如是而來

며 無行無住라 如是而來며

선재동자가 말하였습니다. "큰 성인께서는 어디서 오셨습니까?" 미륵보살이 대답하였습니다. "선남자여, 모든 보살은 오는 일도 없고 가는 일도 없이 이와 같이 오며, 다니는 일도 없고 머무는 일도 없이 이와 같이 옵니다."

장엄이 나타난 출처를 밝히고 다음으로 보살의 가고 오는 근원을 밝힌다. "모든 보살은 오는 일도 없고 가는 일도 없이 이와 같이 오며, 다니는 일도 없고 머무는 일도 없이 이와 같이 옵니다."라는 명언을 남겼다. 실로 모든 보살뿐만 아니라 우주의 삼라만상 일체 존재가 이와 같이 오고 이와 같이 가는 것이다.

무처무착 불몰불생 부주불천 부동
無處無着하며 **不沒不生**하며 **不住不遷**하며 **不動**

불기 무연무착 무업무보 무기무멸
不起하며 **無戀無着**하며 **無業無報**하며 **無起無滅**하며

부단불상 여시이래
不斷不常이라 **如是而來**니라

"처소도 없고 집착도 없고, 없어지지도 않고 나지도 않고, 머물지도 않고 옮기지도 않고, 동하지도 않고 일어나지도 않고, 연연함도 없고 애착함도 없고, 업도 없고 과보도 없고, 생기지도 않고 멸하지도 않고, 아주 없지도 않고 항상 하지도 아니하여 이와 같이 옵니다."

우주의 삼라만상 일체 존재가 생기지도 않고 멸하지도 않고, 아주 없지도 않고 항상 하지도 아니한다. 이러한 이치를 중도의 이치라고 한다. 즉 일체 유형무형과 존재와 비존재들 모두가 중도의 이치로 존재하기 때문이다.

善^선男^남子^자야 菩^보薩^살이 從^종大^대悲^비處^처來^래니 爲^위欲^욕調^조伏^복諸^제衆^중

生^생故^고며

"선남자여, 보살은 크게 가엾이 여기는 곳에서 오나니, 모든 중생을 조복하려는 연고입니다."

從^종大^대慈^자處^처來^래니 爲^위欲^욕救^구護^호諸^제衆^중生^생故^고며

"크게 인자한 곳에서 오나니, 모든 중생을 구호하려는 연고입니다."

그러므로 보살은 어떤 고정된 모습으로 존재하는 것이 아니다. 다만 고통받는 모든 중생을 교화하고 조복하기 위하여 크게 어여삐 여기는 것이 보살이 오는 곳이다. 그렇다. 중생을 위하여 크게 어여삐 여김이 없다면 어찌 보살이라 하겠는가. 중생을 구호하려는 큰 인자함이 없다면 어찌 보살이라 하겠는가. 보살은 그렇게 오는 것이다.

종 정 계 처 래　　수 기 소 락　　이 수 생 고
從淨戒處來니 **隨其所樂**하야 **而受生故**며

"깨끗한 곳에서 오나니, 그 좋아함을 따라서 태어나는 연고입니다."

종 대 원 처 래　　왕 석 원 력 지 소 지 고
從大願處來니 **往昔願力之所持故**며

"크게 서원한 곳에서 오나니, 옛날의 서원한 힘으로 유지하는 연고입니다."

보살은 어떤 특정한 장소에서 오는 것이 아니라 큰 서원으로부터 온다. 서원이 없는 사람을 어찌 보살이라 하겠는가.

종 신 통 처 래　어 일 체 처　수 락 현 고
從神通處來니 **於一切處**에 **隨樂現故**며

"신통한 곳에서 오나니, 모든 곳에 좋아함을 따라 나타나는 연고입니다."

종 무 동 요 처 래　항 불 사 리 일 체 불 고
從無動搖處來니 **恒不捨離一切佛故**며

"동요함이 없는 데서 오나니, 모든 부처님을 항상 떠나지 않는 연고입니다."

보살은 불법의 세계 안에서 영원히 동요가 없다. 동요가 없으므로 길이길이 불법 안에서 살아간다.

종무취사처래   불역신심   사왕래고
從無取捨處來니 不役身心하야 使往來故며

"취하고 버림이 없는 데서 오나니, 몸과 마음을 시켜
서 가고 오지 않는 연고입니다."

종지혜방편처래   수순일체제중생고
從智慧方便處來니 隨順一切諸衆生故며

"지혜와 방편인 데서 오나니, 일체 모든 중생을 수순
하는 연고입니다."

종시현변화처래   유여영상   이화현고
從示現變化處來니 猶如影像하야 而化現故니라

"변화를 나타내는 데서 오나니, 마치 영상처럼 화하
여 나타나는 연고입니다."

보살은 오는 곳이 한정되어 있는 것이 아니다. 중생들을
수순하려고 지혜와 방편을 잘 활용하는 곳에서 온다. 또 중
생을 교화하기 위하여 부단히 쉬지 않고 천변만화하는 것이

보살이다.

然_{이나} 善男子_야 汝問於我從何處來者_는 善男

子_야 我從生處摩羅提國_{하야} 而來於此_{호라}

"그러나 선남자여, 그대가 나에게 묻기를 '어디서 왔
느냐?'라고 하였으니, 선남자여, 나는 내가 태어난 곳
인 마라제국摩羅提國으로부터 여기에 왔습니다."

보살이 오는 곳이 일정하게 한정되어 있는 것은 아니지만
그러나 하근기下根機 중생들을 수순하기 위해서 굳이 온 곳
을 밝히자면 미륵보살이 태어난 곳은 마라제국摩羅提國이다.

善男子_야 彼有聚落_{하니} 名爲房舍_요 有長者子

_{하니} 名瞿波羅_니 爲化其人_{하야} 令入佛法_{하야} 而住

어 피
於彼하며

"선남자여, 그곳에 방사房舍라는 마을이 있고, 거기에
장자의 아들이 있으니 이름이 구파라瞿波羅입니다. 그 사
람을 교화하여 불법에 들어오게 하느라고 거기에 있었
습니다."

미륵보살은 스스로 "마라제국摩羅提國이라는 나라에 방
사房舍라는 마을이 있고, 거기에 장자의 아들이 있으니 이름
이 구파라瞿波羅입니다. 그 사람을 교화하여 불법에 들어오
게 하느라고 거기에 있었습니다."라고 하였다.

청량스님의 소에, "마라제摩羅提란 갖추어 말하면 마라야
제수摩羅耶提數이다. 마라야摩羅耶는 번역하면 만시鬘施이니 곧
산의 이름이다. 제수提數는 중간이라는 뜻이니 그 산이 이 나
라의 중심에 있기 때문이며, 혹은 나라의 가운데에 이 산이
가까이 있기 때문이다. 구파라瞿波羅의 구瞿는 땅이며 파라波
羅는 수호이니 곧 토지와 심지를 수호하기 때문이다."[1] 라고
하였다.

우 위 생 처 일 체 인 민　　수 소 응 화　　이 위 설
又爲生處一切人民_{하야} 隨所應化_{하야} 而爲說

법　　역 위 부 모　급 제 권 속 바 라 문 등　　연 설 대
法_{하며} 亦爲父母_와 及諸眷屬婆羅門等_{하야} 演說大

승　　영 기 취 입　　고 주 어 피　　이 종 피 래
乘_{하야} 令其趣入_{일새} 故住於彼_{라가} 而從彼來_{호라}

"또 태어난 곳에 있는 모든 사람들로서 교화를 받을
만한 이들에게 법을 설하고, 또 부모와 권속과 바라문
들에게 대승을 연설하여 들어가게 하느라고 그곳에 있
다가 여기로 왔습니다."

미륵보살은 또 중생들의 근기와 상식에 맞춰서 이곳에 오
기 전에 머물던 곳을 밝혔다. 자신이 태어난 곳의 모든 사람
들을 교화하고, 부모와 권속과 바라문들에게 대승법을 가
르치려고 그곳에서 살다가 이곳으로 오게 되었음을 밝혔다.

---

1)【摩羅提】者, 具云. 摩羅耶提數. 摩羅耶者, 此云鬘施. 即山名也. 提數云中.
　謂其山在此國中故. 或國中近此山故.【矍】者, 地也.【波羅】, 云守護. 即守護
　土地及心地故.

(8) 보살의 태어난 곳을 밝히다

1〉보살이 태어난 곳을 바르게 답하다

善財童子가 言호대 聖者여 何者가 是菩薩生處닛고
선재동자 언 성자 하자 시보살생 처

答言하사대 善男子야 菩薩이 有十種生處하니라
답언 선남자 보살 유십종생 처

　선재동자가 말하였습니다. "거룩하신 이여, 어떤 것
이 보살의 태어난 곳입니까?" 미륵보살이 대답하였습니
다. "선남자여, 보살이 열 가지 태어나는 곳이 있습니다."

　앞에서는 근기를 따르고 상식을 따라 보살이 태어난 곳
을 이야기하였으나 이제부터는 보살이라는 의미에 맞는 보
살의 태어남을 열 가지로 설하여 밝힌다. 진정으로 보살은
어디에서 태어나는가?

何者가 爲十고 善男子야 菩提心이 是菩薩生處
하 자 위십 선남자 보리심 시보살생 처

생 보 살 가 고
니 生菩薩家故며

"무엇이 열입니까. 선남자여, 보리심이 보살의 태어나는 곳이니, 보살의 집에서 태어나는 연고입니다."

보살은 어디에서 태어나는가. 보리심에서 태어난다. 보리심은 보살의 집이 되기 때문이다. 보리심이야말로 진정 보살이 태어나는 곳이다. 보살은 부산이나 서울에서 태어나는 것도 아니고, 중국이나 인도나 일본에서 태어나는 것도 아니다. 다만 보리심에서 태어난다. 보리심이 있는 곳이면 보살은 언제든지 태어난다.

심 심   시 보 살 생 처   생 선 지 식 가 고
深心이 是菩薩生處니 生善知識家故며

"깊은 마음이 보살의 태어나는 곳이니, 선지식의 집에서 태어나는 연고입니다."

깊은 마음[深心]이란 온갖 선행善行 쌓기를 좋아하는 굳은

마음이다. 이러한 마음에서 보살이 출생한다. 어떤 특정한 장소가 아니라 보살이 갖추어야 할 마음에서 보살이 태어나기 때문이다.

제 지　시 보 살 생 처　생 바 라 밀 가 고
諸地가 **是菩薩生處**니 **生波羅蜜家故**며

"모든 지위가 보살의 태어나는 곳이니, 바라밀다 집에서 태어나는 연고입니다."

육바라밀과 십바라밀을 닦으므로 42위와 52위의 보살수행 점차가 열린다. 그러므로 갖가지 보살의 지위 점차가 보살이 탄생하는 곳이다.

대 원　시 보 살 생 처　생 묘 행 가 고
大願이 **是菩薩生處**니 **生妙行家故**며

"큰 서원이 보살의 태어나는 곳이니, 묘한 행行의 집에서 태어나는 연고입니다."

큰 서원은 보살이 당연히 지녀야 하는 것이다. 그것이 보살의 아름다운 행이다. 그래서 보살은 큰 서원에서 출생한다.

대 비   시 보 살 생 처   생 사 섭 가 고
大悲가 **是菩薩生處**니 **生四攝家故**며

"크게 가엾이 여김이 보살의 태어나는 곳이니, 네 가지로 거두어 주는 집에서 태어나는 연고입니다."

보살은 중생을 위한 크게 가엾이 여기는 마음이 근본이 된다. 그러므로 크게 가엾이 여기는 데서 보살이 탄생한다. 네 가지로 거두어 주는 사섭법四攝法이란 고통 세계의 중생을 구제하려는 보살의 중생을 불도에 이끌어 들이기 위한 네 가지 방법이다. ① 보시섭布施攝은 상대편이 좋아하는 재물이나 법을 보시하여 친절한 정의情誼를 감동케 하여 이끌어 들이는 일이다. ② 애어섭愛語攝은 부드럽고 온화한 말을 하여 친해서 이끌어 들이는 일이다. ③ 이행섭利行攝은 동작과 언어와 의념意念에 선행善行으로 중생을 이익하게 하여 이끌어 들이는 일이다. ④ 동사섭同事攝은 상대편의 근성根性을 따라 변신變身하여 친하며 행동을 같이하여 이끌어 들이는 일이다.

여 리 관 찰　　시 보 살 생 처　　생 반 야 바 라 밀 가 고
如理觀察이 **是菩薩生處**니 **生般若波羅蜜家故**며

"이치대로 관찰함이 보살의 태어나는 곳이니, 반야 바라밀다 집에서 태어나는 연고입니다."

대 승　　시 보 살 생 처　　생 방 편 선 교 가 고
大乘이 **是菩薩生處**니 **生方便善巧家故**며

"대승大乘이 보살의 태어나는 곳이니, 방편이 교묘한 집에서 태어나는 연고입니다."

여러 가지 불교 가운데 가장 우수하며 이상적인 불교는 보살대승불교다. 그래서 대승의 가르침이 곧 보살이 탄생하는 곳이다. 대승이 없으면 보살도 없고, 보살이 없으면 대승도 없다.

教化衆生이 是菩薩生處니 生佛家故며

"중생을 교화함이 보살의 태어나는 곳이니, 부처님 가문에서 태어나는 연고입니다."

보살이 하는 일이란 중생들을 교화하는 일이다. 그래서 중생을 교화하지 않는 보살은 생각할 수 없다.

智慧方便이 是菩薩生處니 生無生法忍家故며

"지혜와 방편이 보살의 태어나는 곳이니, 생멸이 없는 법의 지혜의 집에서 태어나는 연고입니다."

修行一切法이 是菩薩生處니 生過現未來一切 如來家故니라

"모든 법을 수행함이 보살의 태어나는 곳이니, 과거 현재 미래의 모든 여래의 가문에서 태어나는 연고입니다."

보살은 중생을 교화하는 데 필요로 하는 모든 법을 빠짐없이 다 수행한다. 그래야 각양각색의 중생을 교화하는 데 걸림이 없다. 그래서 모든 법을 수행하는 데서 보살이 탄생한다.

2) 보살의 권속을 밝히다

선 남 자　보 살 마 하 살　이 반 야 바 라 밀　위 모
善男子야 **菩薩摩訶薩**이 **以般若波羅蜜**로 **爲母**

　방 편 선 교　위 부　단 바 라 밀　위 유 모
하며 **方便善巧**로 **爲父**하며 **檀波羅蜜**로 **爲乳母**하며

"선남자여, 보살마하살은 반야바라밀다로 어머니를 삼고, 교묘한 방편으로 아버지를 삼고, 보시바라밀다로 유모를 삼습니다."

시 바 라 밀　　위 양 모　　　인 바 라 밀　　위 장 엄 구
尸波羅蜜로 **爲養母**하며 **忍波羅蜜**로 **爲莊嚴具**

근 바 라 밀　　위 양 육 자　　　선 바 라 밀　　위 완 탁
하며 **勤波羅蜜**로 **爲養育者**하며 **禪波羅蜜**로 **爲浣濯**

인
人하며

"지계바라밀다로 양모를 삼고, 인욕바라밀다로 장엄
거리를 삼고, 정진바라밀다로 양육하는 이를 삼고, 선
정바라밀다로 빨래하는 사람을 삼습니다."

선 지 식　　　위 교 수 사　　　일 체 보 리 분　　　위 반
善知識으로 **爲教授師**하며 **一切菩提分**으로 **爲伴**

려　　　일 체 선 법　　　위 권 속　　　일 체 보 살　　　위 형
侶하며 **一切善法**으로 **爲眷屬**하며 **一切菩薩**로 **爲兄**

제　　보 리 심　　　위 가　　　여 리 수 행　　　위 가 법
弟하며 **菩提心**으로 **爲家**하며 **如理修行**으로 **爲家法**하며

"선지식으로 가르치는 스승을 삼고, 일체 보리의 부
분으로 반려를 삼고, 모든 착한 법으로 권속을 삼고, 모
든 보살로 형제를 삼고, 보리심으로 집을 삼고, 이치대

로 수행함은 집안의 법도[家法]로 삼습니다."

諸地_로 爲家處_{하며} 諸忍_{으로} 爲家族_{하며} 大願_{으로}

爲家教_{하며} 滿足諸行_{으로} 爲順家法_{하며} 勸發大乘

_{으로} 爲紹家業_{하며} 法水灌頂一生所繫菩薩_로 爲王

太子_{하며} 成就菩提_로 爲能淨家族_{이니라}

"모든 지위[地]로는 집이 있는 곳으로 삼고, 모든 지혜는 가족으로 삼고, 큰 서원은 집안의 교법으로 삼고, 모든 행을 만족함으로는 집안의 법도를 순종함으로 삼고, 대승大乘을 내도록 권함은 가업家業을 이음으로 삼고, 법의 물을 정수리에 부어 일생보처가 되는 보살로 왕의 태자를 삼고, 보리菩提를 성취함으로 능히 가족을 깨끗이 함을 삼습니다."

보살이 세상에 태어나게 되면 온갖 권속이 있게 마련이

다. 아버지와 어머니와 유모와 양모와 온갖 도구와 양육하는 사람과 빨래를 하는 사람에 이르기까지 보살의 권속들을 낱낱이 밝혔다.

3〉 비교하여 수승함을 드러내다

선 남 자　보 살　여 시 초 범 부 지　입 보 살 위
善男子야 菩薩이 如是超凡夫地하야 入菩薩位

생 여 래 가　주 불 종 성　능 수 제 행　부 단
하며 生如來家하야 住佛種性하며 能修諸行하야 不斷

삼 보
三寶하며

"선남자여, 보살은 이와 같이 범부에서 벗어나 보살의 지위에 들며, 여래 가문에 나서 부처님의 종성에 머물며, 능히 모든 행을 닦아서 삼보를 끊이지 않게 합니다."

선 능 수 호 보 살 종 족　정 보 살 종　생 처 존
善能守護菩薩種族하야 淨菩薩種하며 生處尊

승　　　무 제 과 악　　　일 체 세 간 천 인 마 범 사 문 바
勝하야 無諸過惡하야 一切世間天人魔梵沙門婆

라 문　　공 경 찬 탄
羅門이 恭敬讚歎이니라

"보살의 종족을 능히 잘 수호하여 보살의 종성을 깨끗이 하며, 태어난 곳이 높아서 모든 허물이 없으므로 모든 세간의 천신과 사람과 마군과 범천과 사문과 바라문들이 공경하고 찬탄합니다."

보살은 어떤 사람인가, 어떤 경지에 머무는 사람인가, 어떤 일을 하는 사람인가, 다른 모든 사람들과는 어떻게 비교가 되는가 등을 자세히 밝혔다.

선 남 자　　보 살 마 하 살　　생 어 여 시 존 승 가 이
善男子야 菩薩摩訶薩이 生於如是尊勝家已에

지 일 체 법　　여 영 상 고　　어 제 세 간　　무 소 악 천
知一切法이 如影像故로 於諸世間에 無所惡賤이며

"선남자여, 보살마하살이 이와 같이 훌륭한 집에 태

어나서는 모든 법이 영상과 같음을 알므로 모든 세간을
싫어함이 없습니다."

보살이 위에서 밝힌 바대로 그와 같이 훌륭한 분이라면
그들은 세상을 어떻게 대하는가. 아무리 세상이 부정과 부
패와 사기와 협잡으로 뒤범벅되어 있다 하더라도 보살은 결
코 그들을 미워하거나 천박하게 여기지 않는다. 오히려 어
여삐 여기고 사랑으로 따뜻하게 감싸 안는다. 왜냐하면 세
상의 모든 법은 영상과 같음을 알기 때문이다.

　　지 일 체 법　　여 변 화 고　　어 제 유 취　　무 소 염 착
知一切法이 **如變化故**로 **於諸有趣**에 **無所染着**하며

"모든 법이 변화함과 같음을 알므로 모든 존재의 길
에 물들지 않습니다."

보살은 지옥이나 아귀나 축생이나 인간이나 천상이나 그
어떤 것에도 물들거나 집착하지 않는다. 세상의 모든 법은
변화무쌍하고 천변만화함을 잘 알기 때문이다.

지 일 체 법　　무 유 아 고　　교 화 중 생　　심 무 피
知一切法이 **無有我故**로 **教化衆生**호대 **心無疲**

염
厭하며

"모든 법은 '나'가 없음을 알므로 중생을 교화하되
마음이 고달프지 않습니다."

보살은 중생들을 교화하지만 아무리 많은 중생을 교화
하더라도 마음이 고달프거나 싫증을 내지 않는다. 왜냐하
면 일체 법이 무아無我임을 잘 알기 때문이다.

이 대 자 비　　위 체 성 고　　섭 수 중 생　　불 각 로
以大慈悲로 **爲體性故**로 **攝受衆生**호대 **不覺勞**

고
苦하며

"대자대비로 자체 성품을 삼는 연고로 중생을 거두
어 주는 데 괴로움을 느끼지 않습니다."

보살은 아무리 오랫동안 많은 중생들을 섭수하더라도 괴로움을 느끼지 않는다. 중생을 위한 대자비로써 자신의 자체 성품을 삼기 때문이다.

요달생사　유여몽고　경일체겁　이무포
了達生死가 **猶如夢故**로 **經一切劫**호대 **而無怖**

외
畏하며

"나고 죽음이 꿈과 같음을 아는 연고로 모든 겁을 지내어도 두려움이 없습니다."

보살은 아무리 오랜 세월을 지내면서 생사를 거듭하더라도 조금도 두려운 것이 없다. 왜냐하면 생사란 한낱 꿈이기 때문이다.

요지제온　개여환고　시현수생　이무피
了知諸蘊이 **皆如幻故**로 **示現受生**호대 **而無疲**

염
厭하며

"오온五蘊이 환술과 같음을 아는 연고로 일부러 태어
나도 고달프지 않습니다."

사람이 세상에 태어난다는 것은 오온으로 태어나는 것이
고 오온으로 살아간다. 그래서 소승 성문과 벽지불은 오온
을 받아 세상에 태어난다는 것을 싫어하여 더 이상 태어나
고 싶어하지 않는다. 그러나 보살은 오온이 환술과 같음을
알기 때문에 태어나는 것을 싫어하지 않는다.

지 제 계 처   동 법 계 고   어 제 경 계   무 소 괴 멸
知諸界處가 **同法界故**로 **於諸境界**에 **無所壞滅**
하며

"십팔계十八界와 십이처十二處가 법계와 같음을 아는 연
고로 모든 경계를 무너뜨리는 바가 없습니다."

지 일 체 상   여 양 염 고   입 어 제 취   불 생 도
知一切想이 **如陽焰故**로 **入於諸趣**호대 **不生倒**

혹
惑하며

"모든 생각이 아지랑이와 같음을 아는 연고로 모든
갈래에 들어가도 전도하거나 미혹되지 않습니다."

달 일 체 법   개 여 환 고   입 마 경 계   불 기 염
達一切法이 **皆如幻故**로 **入魔境界**호대 **不起染**

착
着하며

"모든 법이 환술과 같음을 아는 연고로 마魔의 경계
에 들어가도 물드는 생각을 내지 않습니다."

보살은 마의 경계에 들어가더라도 그것을 '마'라고 생각
하지 않는다. 왜냐하면 일체 법이 환술과 같음을 알기 때문
이다.

지 법 신 고 　　 일 체 번 뇌 　　 불 능 기 광
知法身故로 **一切煩惱**가 **不能欺誑**하며

"법의 몸을 아는 연고로 일체 번뇌가 속이지 못합
니다."

득 자 재 고 　　 어 일 체 취 　　 통 달 무 애
得自在故로 **於一切趣**에 **通達無礙**니라

"자유자재함을 얻은 연고로 모든 갈래에 통달하여
걸림이 없습니다."

보살의 수승함을 이와 같이 낱낱이 밝혔다. 실로 보살의
경지가 되면 모든 것에 자유롭고 모든 것에 걸림이 없다.

4〉 보살의 몸은 법계에 충만하다

선 남 자 　　 아 신 　　 보 생 일 체 법 계 　　 등 일 체 중
善男子야 **我身**이 **普生一切法界**호대 **等一切衆**

생   차별색상   등일체중생   수이언음   등
生의 差別色相하며 等一切衆生의 殊異言音하며 等

일체중생   종종명호
一切衆生의 種種名號하며

"선남자여, 나의 몸은 모든 법계에 두루 출생함으로
일체 중생의 차별한 형상과 같고, 일체 중생의 다른 말
과 같고, 일체 중생의 갖가지 이름과 같습니다."

등일체중생   소락위의   수순세간   교
等一切衆生의 所樂威儀하야 隨順世間하야 敎

화조복   등일체청정중생   시현수생   등일
化調伏하며 等一切淸淨衆生의 示現受生하며 等一

체범부중생   소작사업   등일체중생상   등
切凡夫衆生의 所作事業하며 等一切衆生想하며 等

일체보살원   이현기신   충만법계
一切菩薩願하야 而現其身하야 充滿法界호라

"일체 중생의 좋아하는 거동과 같아서 세간을 수순
하여 교화하고 조복하며, 모든 청정한 중생의 일부러
태어남과 같고, 모든 범부 중생의 짓는 사업과 같고, 모

든 중생의 생각과 같고, 모든 보살의 서원과 같아서 그 몸을 나타내어 법계에 충만합니다."

보살이 세상에 태어남의 의미와 그 수승함을 밝히고, 다시 보살의 몸은 법계에 충만함을 설하였다. 법계에 충만하다는 것은 미륵보살의 몸은 법계에 두루 출생하여 일체 중생과 각양각색의 색상이 같고, 각양각색의 차별한 말이 같고, 사업이 같고, 생각 등이 모두 같으며, 나아가서 일체 보살들의 서원과 같다는 것이다.

(9) 근기를 수순하는 현생과 당래생의 일

1〉현생現生의 일

선 남 자　아 위 화 도 여 아 왕 석　　동 수 제 행
善男子야 **我爲化度與我往昔**에 **同修諸行**이라가

금 시 퇴 실 보 리 심 자　　　역 위 교 화 부 모 친 속　　　역
今時退失菩提心者하며 **亦爲教化父母親屬**하며 **亦**

위 교 화 제 바 라 문　　　영 기 이 어 종 족 교 만　　　득 생
爲教化諸婆羅門하야 **令其離於種族憍慢**하고 **得生**

여래 종성 지 중　　이 생 어 차 염 부 제 계 마 라 제 국
如來種性之中하야 **而生於此閻浮提界摩羅提國**

구 타 취 락 바 라 문 가
拘吒聚落婆羅門家호라

"선남자여, 저는 옛적에 나와 함께 수행하다가 지금
에는 보리심에서 물러난 이를 제도하기 위하여, 또 부
모와 권속들을 교화하기 위하여, 또 여러 바라문을 교
화하여 그들로 하여금 종족에 대한 교만을 여의고 여래
의 종성 중에 나게 하기 위하여 이 염부제의 마라제국
구타 마을 바라문의 집에 태어났습니다."

선 남 자　　아 주 어 차 대 누 각 중　　수 제 중 생 심
善男子야 **我住於此大樓閣中**하야 **隨諸眾生心**

지 소 락　　종 종 방 편　　교 화 조 복
之所樂하야 **種種方便**으로 **教化調伏**호라

"선남자여, 저는 이 큰 누각에 있으면서 모든 중생들
의 좋아함을 따라 가지가지 방편으로 교화하고 조복합
니다."

미륵보살은 자신이 스스로 왜 염부제의 마라제국 구타라는 마을 바라문의 집에 태어났는가를 밝혔다. 고대로부터 인도 사회에는 전통적으로 사성四姓이라는 네 가지 계급이 있다. 바라문婆羅門·찰제리刹帝利·폐사吠舍·수타라首陀羅이다. ① 바라문은 종교·문학·전례典禮를 직업으로 하여 가장 높은 자리를 차지하는 계급이다. ② 찰제리는 바라문 다음가는 지위로 무력으로 토전土田·서민庶民을 거느리고 정치를 하는 왕족과 군인 등의 계급이다. 석가모니는 이 계급의 출신이다. ③ 폐사는 그 밑에서 상공업에 종사하는 사람들이다. ④ 수타라는 맨 아래 계급으로 농업·도살屠殺 등 하천한 직업에 종사하는 이들이다.

그래서 바라문은 종족에 대한 교만심이 대단히 높아서 자신보다 아래의 계급을 사람으로 취급하지 않는 폐단이 심하였다고 한다. 미륵보살은 그들을 여래의 법에 의하여 여래의 종성 가운데 태어나도록 가르치려고 바라문의 집안에 태어났다고 하였다. 이것이 미륵보살이 근기를 수순하는 현생現生의 일이다.

2〉당래생當來生의 일

선남자 아위수순중생심고 아위성숙도솔
善男子야 **我爲隨順衆生心故**며 **我爲成熟兜率**

천 중 동 행 천 고 아위시현보살 복지변화장엄
天中同行天故며 **我爲示現菩薩**의 **福智變化莊嚴**

초 과 일 체 제 욕 계 고
이 **超過一切諸欲界故**며

"선남자여, 저는 중생들의 마음을 수순하기 위하여,
저는 도솔천에서 함께 수행하던 천신들을 성숙하게 하
기 위하여, 저는 보살의 복과 지혜와 변화와 장엄이 일
체 모든 욕심세계보다 뛰어남을 보이기 위하여,

영 기 사 리 제 욕 락 고 영 지 유 위 개 무 상 고
令其捨離諸欲樂故며 **令知有爲**가 **皆無常故**며

영 지 제 천 성 필 쇠 고 위 욕 시 현 장 강 생 시 대
令知諸天이 **盛必衰故**며 **爲欲示現將降生時**에 **大**

지 법 문 여 일 생 보 살 공 담 론 고
智法門을 **與一生菩薩**로 **共談論故**며

그들로 하여금 모든 욕락을 버리게 하기 위하여, 함

이 있는 법이 모두 무상함을 알게 하기 위하여, 모든 천인들도 성盛하면 반드시 쇠함을 알게 하기 위하여, 장차 내려와서 태어남을 나타내 보일 적에 큰 지혜의 법문을 일생보처 보살과 함께 토론하기 위하여,

위욕 섭화 제동행고   위욕 교화 석가여래   소
爲欲攝化諸同行故며 爲欲教化釋迦如來의 所

견래 자   영여연화 실개오고   어차 명종   생
遣來者하야 令如蓮華悉開悟故로 於此命終하야 生

도솔 천
兜率天호라

모든 같이 수행하는 이를 거두어 교화하기 위하여, 석가여래께서 보내시는 이를 교화하여 연꽃처럼 깨닫게 하기 위하여 여기서 목숨을 마치고는 도솔천에 태어납니다."

선남자   아원   만족   성일체지   득보리
善男子야 我願이 滿足하야 成一切智하야 得菩提

시　여급문수　구득견아
時에 **汝及文殊**가 **俱得見我**하리라

"선남자여, 내 서원이 만족하고, 일체 지혜를 이루어 보리를 얻을 때에는 그대가 문수보살과 함께 나를 보게 될 것입니다."

미륵보살이 중생들의 근기를 수순하는 당래생當來生의 일을 밝혔다. 다시 미륵彌勒보살에 대해서 살펴보면 범어로는 매달려야梅呾麗耶·매달례야眛呾隷野인데 번역하여 자씨慈氏라한다. 이름은 아일다阿逸多이고 번역하면 무승無勝·막승莫勝이다. 인도 바라내[摩羅提]국의 바라문 집에 태어나 석가모니의 교화를 받고, 미래에 성불하리라는 수기를 받아 도솔천에 올라가 있으면서 지금 그 하늘에서 천인들을 교화하며, 석가모니 입멸 후 56억7천만 년을 지나 다시 이 사바세계에 출현하여 화림원華林園 안의 용화수龍華樹 아래서 성도하여, 3회의 설법으로써 석가모니의 교화에서 빠진 모든 중생을 제도한다고 한다. 석가모니의 업적을 돕는다는 뜻으로 보처補處의 미륵이라 하며, 현겁賢劫 천불의 제5불佛이다. 이 법회를 용화삼회龍華三會라고 한다.

5) 문수사리의 덕을 찬탄하고 찾기를 권유하다

선남자 여당왕예문수사리선지식소 이
善男子야 汝當往詣文殊師利善知識所하야 而

문지언 보살 운하학보살행 운하이입보
問之言호대 菩薩이 云何學菩薩行이며 云何而入普

현행문 운하성취 운하광대 운하수순
賢行門이며 云何成就며 云何廣大며 云何隨順이며

운하청정 운하원만
云何淸淨이며 云何圓滿이리잇고하라

"선남자여, 그대는 마땅히 문수사리 선지식에게 가
서 묻기를 '보살이 어떻게 보살의 행을 배우며, 어떻게
보현의 수행하는 문에 들어가며, 어떻게 성취하며, 어
떻게 광대하며, 어떻게 수순하며, 어떻게 청정하며, 어
떻게 원만케 합니까?'라고 하십시오."

미륵보살은 화엄경 61권에서 시작하는 모든 선지식 가

운데 맨 먼저 등장하였던 문수보살을 다시 찾아가라고 권유한다. 실은 처음 문수보살의 권유로 인하여 지금까지 그 많은 선지식을 다 친견하고 법문을 들으면서 미륵보살의 경계까지 증득하여 이르러 온 것이다. 그런데 문수보살을 다시 찾아가라는 말은 지금까지 공부하고 수행한 것을 부정하고 처음부터 다시 시작하라는 뜻이다. 이것은 청천벽력이다. 얼마나 오랜 세월이 걸린 일인가. 얼마나 많은 선지식들을 친견한 것인가.

그렇다면 문수보살에 대해서 다시 살펴보아야 할 것이다. 사전적 설명으로 문수사리보살은 범어로 Mañjuśrī이다. 구역舊譯에는 문수사리文殊師利·만수시리滿殊尸利이고, 신역新譯에는 만수실리曼殊室利이다. 신·구 6역譯이 있다. 묘덕妙德·묘수妙首·보수普首·유수濡首·경수敬首·묘길상妙吉祥이다. 문수文殊와 만수曼殊는 묘妙의 뜻이고, 사리師利·실리室利는 두頭·덕德·길상吉祥의 뜻이다.

보현보살과 짝하여 석가모니불의 보처로서 왼쪽에 있어 지혜를 맡은 보살이다. 머리에 5계髻를 맺은 것은 대일大日의 5지智를 표한 것이다. 바른손에는 지혜의 칼을 들고, 왼손에는 꽃 위에 지혜의 그림이 있는 청련화靑蓮華를 쥐고 있다. 사자를 타고 있는 것은 위엄과 용맹을 나타낸 것이다. 1자字문수·5자문수·8자문수·1계髻문수·5계문수·아문수兒文殊 등의 여러 종류가 있어 모양이 각기 다르다.

이 보살은 석존의 교화를 돕기 위하여 일시적인 권현權現으로 보살의 자리에 있다고도 한다. 벌써 성불하여 용존상불龍尊上佛·대신불大身佛·신선불神仙佛이라 하며, 또 미래에 성불하여 보견여래普見如來라고 부른다고도 한다. 또는 현재 북방의 상희세계常喜世界에 있는 환희장마니보적여래라고도 이른다.

이 부처님의 이름을 들으면 4중죄重罪가 없어진다 하며, 혹은 지금 중국의 산서성山西省 오대산(청량산)에서 1만 보살과 함께 있다고도 한다. 우리나라에는 강원도 오대산과 남쪽의 지리산이 문수보살이 상주하는 도량이라고 한다.

선 남 자   피 당 위 여   분 별 연 설   하 이 고
善男子야 彼當爲汝하야 分別演說하리라 何以故오

문수사리 소유대원 비여무량백천억나유타
文殊師利의 所有大願은 非餘無量百千億那由他

보 살 지 소 능 유
菩薩之所能有니라

"선남자여, 그는 마땅히 그대에게 분별하여 연설할
것입니다. 무슨 까닭입니까. 문수사리의 가진 서원을 다
른 한량없는 백천억 나유타 보살은 능히 가지지 못하였
습니다."

미륵보살이 문수보살을 한마디로 찬탄하는 말이다. 문
수사리의 가진 서원을 다른 한량없는 백천억 나유타 보살은
능히 가지지 못하였다는 것이다. 아래에 계속된다.

선 남 자 문 수 사 리 동 자 기 행 광 대 기 원
善男子야 文殊師利童子는 其行廣大하며 其願

무 변. 출 생 일 체 보 살 공 덕 무 유 휴 식
無邊하야 出生一切菩薩功德하야 無有休息이니라

"선남자여, 문수사리동자는 그 수행이 광대하고 그

서원이 그지없어서 모든 보살의 공덕을 출생하여 내기를 쉬지 아니합니다."

善男子야 文殊師利는 常爲無量百千億那由他
선 남 자 문 수 사 리 상 위 무 량 백 천 억 나 유 타

諸佛母하야 常爲無量百千億那由他菩薩師하며
제 불 모 상 위 무 량 백 천 억 나 유 타 보 살 사

教化成熟一切衆生하며 名稱普聞十方世界하며
교 화 성 숙 일 체 중 생 명 칭 보 문 시 방 세 계

"선남자여, 문수사리는 항상 한량없는 백천억 나유타 모든 부처님의 어머니가 되며, 항상 한량없는 백천억 나유타 보살의 스승이 되며, 일체 중생을 교화하고 성숙하게 하여 그 이름이 시방세계에 널리 소문이 났습니다."

문수보살을 이야기할 때 가장 많이 등장하는 표현이다. "한량없는 백천억 나유타 모든 부처님의 어머니[佛母]가 되며, 항상 한량없는 백천억 나유타 보살의 스승[菩薩師]이 되

는 분이다." 문수보살을 이 이상 달리 어떻게 표현할 수 있겠는가.

상 어 일 체 제 불 중 중　위 설 법 사　일 체 여 래
常 於 一 切 諸 佛 衆 中에 **爲 說 法 師**하며 **一 切 如 來**

지 소 찬 탄　주 심 심 지　능 여 실 견 일 체 제 법
之 所 讚 歎이며 **住 甚 深 智**하야 **能 如 實 見 一 切 諸 法**하며

통 달 일 체 해 탈 경 계　구 경 보 현 소 행 제 행
通 達 一 切 解 脫 境 界하며 **究 竟 普 賢 所 行 諸 行**이니라

"항상 일체 모든 부처님 대중 가운데서 법을 연설하는 법사가 되며, 모든 여래의 찬탄하는 바이며, 깊은 지혜에 머물러 있어 능히 일체 모든 법을 사실대로 보고, 모든 해탈의 경계를 통달하고, 보현의 행하는 모든 행을 끝까지 마치었습니다."

그 위대한 보현보살의 광대한 보살행도 모두가 이 문수보살의 지혜를 근본으로 하여 실현된다. 그래서 문수보살의 지혜와 보현보살의 행원으로 완벽한 부처님을 표현한다고

하였다.

선남자야 文殊師利童子는 是汝善知識이니 令

汝得生如來家하며 長養一切諸善根하며 發起一

切助道法하며 値遇眞實善知識하며

"선남자여, 문수사리동자는 그대의 선지식이니, 그
대로 하여금 여래의 가문에 나게 하였고, 일체 모든 착
한 뿌리를 자라게 하였고, 일체 도를 돕는 법을 일으키
게 하였고, 진실한 선지식을 만나게 하였습니다."

令汝修一切功德하며 入一切願網하며 住一切

大願하며 爲汝說一切菩薩秘密法하며 現一切菩

^{살 난 사 행} ^{여 여 왕 석} ^{동 생 동 행}
薩難思行하며 與汝往昔에 同生同行이니라

"그대로 하여금 모든 공덕을 닦게 하였고, 모든 서원의 그물에 들어가게 하였고, 모든 원에 머물게 하였고, 그대를 위하여 모든 보살의 비밀한 법을 말하였고, 모든 보살의 불가사의한 행을 나타내었으며, 그대와 더불어 옛적부터 함께 태어나고 함께 행하였습니다."

문수보살을 흔히 근본지根本智라고 말한다. 모든 사람들이 태어나면서부터 본래로 갖추고 있으면서 아직 꽃을 피우지 못하고 있는 지혜이다. 그래서 선재동자와 더불어 옛적부터 함께 태어나고 함께 행하였다고 하였다. 어찌 선재동자와 더불어 옛적부터 함께 태어나고 함께 행하였겠는가. 모든 사람 모든 생명과 본래부터 함께 태어나고 함께 행하였다.

^{시 고} ^{선 남 자} ^{여 응 왕 예 문 수 지 소} ^{막 생 피}
是故로 善男子야 汝應往詣文殊之所요 莫生疲

염　　　문 수 사 리　　당 위 여 설 일 체 공 덕
厭이어다 文殊師利가 當爲汝說一切功德하리라

　"그러므로 선남자여, 그대는 마땅히 문수사리에게
가야 하나니, 고달픈 생각을 내지 마십시오. 문수사리
는 마땅히 그대를 위해서 일체 공덕을 설할 것입니다."

　　하 이 고　　여 선 소 견 제 선 지 식　　문 보 살 행
何以故오 汝先所見諸善知識에 聞菩薩行하고

입 해 탈 문　　만 족 대 원　　개 시 문 수 위 신 지 력
入解脫門하야 滿足大願이 皆是文殊威神之力이니

문 수 사 리　　어 일 체 처　　함 득 구 경
文殊師利가 於一切處에 咸得究竟이시니라

　"왜냐하면 그대가 먼저 모든 선지식을 친견하고, 보
살의 행을 듣고, 해탈문에 들어가고, 큰 원을 만족한 것
은 모두 문수사리의 위신력입니다. 문수사리는 모든 곳
에서 원만히 성취함[究竟]을 다 얻게 하십니다."

　미륵보살이 이와 같이 선재동자에게 문수보살을 다시 추

천하였는데 어떻게 문수보살을 친견하러 가지 않겠는가. 만약 처음에 문수보살을 친견하였다는 이유로 더 이상 찾아가지 않는다면 그는 선재동자가 아니며, 보살이 아니며, 수행자가 아니다.

시 선재동자 정례기족 요무량잡 은
時에 **善財童子**가 **頂禮其足**하며 **繞無量帀**하며 **殷**

근 첨 앙   사 퇴 이 거
勤瞻仰하고 **辭退而去**하니라

그때에 선재동자는 그의 발에 엎드려 절하고 수없이 돌고 은근하게 앙모하면서 하직하고 물러갔습니다.

입법계품 20 끝

〈제79권 끝〉

華嚴經 構成表

分次	周次		內容	品數	會次
舉果勸樂生信分 (信)	所信因果周		如來依正	世主妙嚴品 第一 如來現相品 第二 普賢三昧品 第三 世界成就品 第四 華藏世界品 第五 毘盧遮那品 第六	初會
修因契果生解分 (解)	差別因果周	差別因	十信	如來名號品 第七 四聖諦品 第八 光明覺品 第九 菩薩問明品 第十 淨行品 第十一 賢首品 第十二	二會
			十住	昇須彌山頂品 第十三 須彌頂上偈讚品 第十四 十住品 第十五 梵行品 第十六 初發心功德品 第十七 明法品 第十八	三會
			十行	昇夜摩天宮品 第十九 夜摩天宮偈讚品 第二十 十行品 第二十一 十無盡藏品 第二十二	四會
			十廻向	昇兜率天宮品 第二十三 兜率宮中偈讚品 第二十四 十廻向品 第二十五	五會
			十地	十地品 第二十六	六會
			等覺	十定品 第二十七 十通品 第二十八 十忍品 第二十九 阿僧祇品 第三十 如來壽量品 第三十一 菩薩住處品 第三十二	七會
		差別果	妙覺	佛不思議法品 第三十三 如來十身相海品 第三十四 如來隨好光明功德品 第三十五	
	平等因果周	平等因		普賢行品 第三十六	
		平等果		如來出現品 第三十七	
托法進修成行分 (行)	成行因果周		二千行門	離世間品 第三十八	八會
依人證入成德分 (證)	證入因果周		證果法門	入法界品 第三十九	九會

（資料：文殊經典研究會）

會場	放光別	會主	入定別	說法別舉
菩提場	遮那放齒光眉間光	普賢菩薩爲會主	入毘盧藏身三昧	如來依正法
普光明殿	世尊放兩足輪光	文殊菩薩爲會主	此會不入定·信未入位故	十信法
忉利天宮	世尊放兩足指光	法慧菩薩爲會主	入無量方便三昧	十住法門
夜摩天宮	如來放兩足趺光	功德林菩薩爲會主	入菩薩善思惟三昧	十行法門
兜率天宮	如來放兩膝輪光	金剛幢菩薩爲會主	入菩薩智光三昧	十迴向法門
他化天宮	如來放眉間毫相光	金剛藏菩薩爲會主	入菩薩大智慧光明三昧	十地法門
再會普光明殿	如來放眉間口光	如來爲會主	入刹那際三昧	等妙覺法門
三會普光明殿	此會佛不放光·表行依解法依解光故	普賢菩薩爲會主	入佛華莊嚴三昧	二千行門
祇陀園林	放眉間白毫光	如來善友爲會主	入獅子頻申三昧	果法門

如天 無比

1943년 영덕에서 출생하였다. 1958년 출가하여 덕흥사, 불국사, 범어사를 거쳐 1964년 해인사 강원을 졸업하고 동국역경연수원에서 수학하였다. 10여 년 선원생활을 하고 1976년 탄허스님에게 화엄경을 수학하고 전법, 이후 통도사 강주, 범어사 강주, 은해사 승가대학원장, 대한불교조계종 교육원장, 동국역경원장, 동화사 한문불전승가대학원장 등을 역임하였다. 2018년 5월에는 수행력과 지도력을 갖춘 승랍 40년 이상 되는 스님에게 품서되는 대종사 법계를 받았다.

현재 부산 문수선원 문수경전연구회에서 150여 명의 스님과 300여 명의 재가 신도들에게 화엄경을 강의하고 있다. 또한 다음 카페 '염화실'(http://cafe.daum.net/yumhwasil)을 통해 '모든 사람을 부처님으로 받들어 섬김으로써 이 땅에 평화와 행복을 가져오게 한다.'는 인불사상(人佛思想)을 펼치고 있다.

저서로 『무비스님의 유마경 강설』(전 3권), 『대방광불화엄경 실마리』, 『무비스님의 왕복서 강설』, 『무비스님이 풀어 쓴 김시습의 법성게 선해』, 『법화경 법문』, 『신금강경 강의』, 『직지 강설』(전 2권), 『법화경 강의』(전 2권), 『신심명 강의』, 『임제록 강설』, 『대승찬 강설』, 『당신은 부처님』, 『사람이 부처님이다』, 『이것이 간화선이다』, 『무비 스님과 함께하는 불교공부』, 『무비 스님의 증도가 강의』, 『일곱 번의 작별인사』, 무비 스님이 가려 뽑은 명구 100선 시리즈 (전 4권) 등이 있고 편찬하고 번역한 책으로 『화엄경(한글)』(전 10권), 『화엄경(한문)』(전 4권), 『금강경 오가해』 등이 있다.

대방광불화엄경 강설 제79권

| 초판 1쇄 발행_ 2018년 1월 24일
| 초판 2쇄 발행_ 2020년 7월 31일

| 지은이_ 여천 무비(如天 無比)
| 펴낸이_ 오세룡
| 편집_ 박성화 손미숙 김정은 김영미
| 기획_ 최은영 곽은영
| 디자인_ 고혜정 김효선 장혜정
| 홍보 마케팅_ 이주하
| 펴낸곳_ 담앤북스
　　　서울특별시 종로구 새문안로3길 23 경희궁의 아침 4단지 805호
　　　대표전화 02)765-1251 전송 02)764-1251 전자우편 damnbooks@hanmail.net
　　　출판등록 제300-2011-115호
| ISBN　979-11-6201-036-5　04220

정가 14,000원

ⓒ 무비스님 2018